Knowing 樂金文化

樂金文化

The

不在意，才能賺最多

Coffeehouse Investor's Ground Rules

Save, Invest, and Plan for a Life of Wealth and Happiness

比爾·蘇西斯（Bill Schultheis）／著
呂佩憶／譯

推薦序

是放慢速度前進的時候了

比爾・蘇西斯在這本書的一開始，就先進行了簡單的反思：我們正在透過一次改變一位投資人的方式，來改變這個世界。過去二十年來，我和比爾已經歷過無數次的交流，包括親自見面、電話交談和電子郵件討論，當我們試圖發現更新、更好的方法，來幫助投資人達到終生的目標時，我們最後總是會得到相同的結論。

我們可以透過一次改變一個投資人，來改變這個世界。

我和比爾・蘇西斯的交情可以回溯到一九九八年。那一年我剛出版我的第一本書《投資致勝終極策略》（*The Only Guide to a Winning Investment Strategy You'll Ever Need*）。那一年比爾也寫了他的第一本書《咖啡館投資人：如何打造財富、忽略華爾街、過好生活》（*The Coffeehouse Investor: How to Build Wealth, Ignore Wall Street, and Get On with Your Life*）（編按：該書在台灣書名翻譯為《不看盤，我才賺到大錢》，但為了與本書所提到的咖啡館投資人相符，後文皆譯為《咖啡館投資人》）。

我們的書至少有三個共同點：我們都試著以外行人能看懂的方式，解釋複雜的投資觀念，強調透過指數型基金捕捉市場報酬率的智慧，而且都是在網際網路蓬勃帶動股市牛氣沖天時出版，那個時候，幾乎沒有幾個投資人會去注意效率市場（編按：efficient markets；是投資學重要的理論之一，它以投資人都是理性的為前提，指出市場上所有的訊息都會被迅速反應在股價上，因此具有效率）與指數基金。

當緊接而來的熊市，催化投資人尋找更聰明的方法來打造投資組合時，我們已經準備好解決之道了。

比爾．蘇西斯有一種天分，他的寫作很簡單易懂。他把華爾街使用的複雜金融辭彙徹底翻轉，所以你讀完他的書後，不會想去看什麼標準差（編按：

判斷報酬變化範圍的波動程度）、Alpha值（編按：判斷是否能勝出大盤的相關數值）和Beta值（編按：判斷風險大小的相關數值），而是專注於生活中最重要的、累積財富的部分。

因此，我的公司白金漢策略財富公司（Buckingham Strategic Wealth）於二〇〇一年邀請他前來聖路易斯市，為我們的客戶演說。就和他書中闡述的一致，比爾深入探討股票、債券和資產配置，將財務資源運用於更有意義、值得深度探索的生活上。

已故的約翰·柏格（編按：John C. Bogle，指數型基金之父，先鋒集團〔Vanguard〕的創辦人）談過自己希望激發「傳教般的熱情」，讓有能力的人願意花時間，對其他人分享使用指數型基金累積投資組合的簡單教條。

回顧過去二十年來，比爾正是在眾多作家、顧問和學術界人士中的佼佼者，他充滿熱情的傳遞著美國傳奇投資人的工作。

我們共同的投資經歷是以數十年的金融研究為基礎，證實市場是有效率的。在執著於選擇主要產業中頂尖個股的投資界，若要持續累積財富，就需要耐心投入，才能捕捉全球市場的報酬。

不過，投資雖然很重要，但也只是累積財富的一環而已。正如比爾在書中不斷指出，在構建投資組合時真心採納效率市場的好處，在於投資人可以在情感上從隨機、短期的市場波動中解脫，並專注於對累積終生財富而言重要的理財規畫議題。

比爾也在書中第三章指出，這個概念對女性來說尤其重要。根據麥肯錫顧問公司（McKinsey & Company）的調查，隨著許多嬰兒潮世代的男性過世，財富正在大量移轉，他們將資產留給配偶控制與管理。預估到了二〇三〇年，女性將掌控三十兆美元的財富；相較之下，二〇一六年時只有十兆美元而已。[1]

---

1 Baghai, P., Howard, O., Prakash, L., and Zucker, J. (2020). Women as the next wave of growth in US wealth management. McKinsey & Company, July 29. https://www.mckinsey.com/industries/financial-services/our-insights/women-as-the-next-wave-of-growth-in-us-wealth-management#.

關於投資人在累積永久財富時所面臨的挑戰，比爾・蘇西斯是最有資格討論的人。因為身為華盛頓西雅圖市桑德馬克財富管理公司（Soundmark Wealth Management）的共同創辦人兼顧問，他看到不論是自家公司或是白金漢策略財富公司的客戶，大家在設計理財方案的投資組合時，都面臨到整合稅務管理方案的複雜議題。

二十年來，我們在討論投資與理財規畫時，總是會談到生活。比爾總是敦促我去攀爬西北太平洋沿岸的山脈；我則是鼓勵他和我一起去科羅拉多河泛舟。

在泛舟時（比爾說，和爬山一樣）會遇到危險的區域，這時你必須放慢思緒，專注於呼吸與手邊的事，然後繼續前進。

這就是投資人會面臨的情況。全球經濟因為病毒大流行而陷入動盪。聯準會用資金淹沒經濟，令人擔憂通貨膨脹；大幅度的稅改迫在眉睫；華爾街用一大堆無意義又昂貴的理財產品撲向單純的投資人。

對於投資人來說，現在是時候放慢速度、深呼吸，再繼續前進了。本書會引導你，在接下來的二十年甚至更久，穩穩的通往財富與幸福的人生，這正是比爾想為讀者做的。

我建議你準備一杯剛泡好的咖啡，然後細細品味比爾關於投資與人生的深奧觀點。我看過這些經得起時間考驗的基本原則，對白金漢策略財富的客戶造成很大的影響，這些原則也會對你的人生造成很大的影響。

在你真心接納這些基本原則後，比爾和我要邀請你對其他人分享這些原則。一次改變一個投資人，大家一起改變這個世界。

賴瑞・斯韋德羅（Larry E. Swedroe），
白金漢策略財富與白金漢策略合夥人公司研究長、《因子投資》
（*Your Complete Guide to Factor-Based Investing : The Way Smart Money Invests Today*）
共同作者

目錄

前言
一起加入「咖啡館投資人」運動

我是在農場長大的，也喜歡分享我在農場長大的故事。從農場學會的事伴隨了我的一生，這背後的智慧正是我要和你分享的。

我雖然沒有經歷過經濟大蕭條，但我的祖父母有。他們在經濟蕭條時扶養我的父母，我想這對我祖父母管理金錢的方式有所影響。他們不喜歡網路銀行帳號，他們沒有行動APP來買賣股票，也沒有訂閱晨星（Morningstar）的資訊來追蹤共同基金，更沒有收看財經頻道CNBC主持人吉姆・克雷默（Jim Cramer）的節目，因為他們沒有電視。他們擁有的是銀行存摺。存摺的尺寸就像護照一樣，是由當地的銀行發給他們的，他們用這個來追蹤自己存了多少錢、花了多少錢，每一分錢都清清楚楚。我會知道這些，是因為那些存摺現在都由我保管，提醒著我金錢如何在他們的一生中來來去去。

我的祖父是農夫，外祖父是銀行員。也許這影響了我，讓我在自己的儲蓄帳戶存摺裡，鉅細靡遺的記錄我養豬、賣豬所賺的每一分錢，這些賺來的錢都存在銀行，因為當時的存款利率比現在高很多。那本存摺就是我們的理財規畫計算機。當時的生活很簡單，但是並不輕鬆。

到了一九八二年，一切都變了。那一年，存摺儲蓄帳戶成為歷史；那一年我大學畢業，開始在券商工作；那一年開始實施公司贊助的４０１(k)退休方案（編按：請見附錄說明）；那一年股市開始長達十八年的牛市，創造了兩位數的報酬率，是歷史平均值的近兩倍。

幾乎無法想像的十八年牛市，加上成千上萬的投資人將錢存至公司的退休方案中，導致我們的社會發生了劇變，讓累積財富的方式從原本「存摺儲蓄的心態」轉變成「選股心態」。

不過，牛市不可能永遠持續下去。一九九九到二〇〇二年的熊市期間，資產崩盤，標準普爾五〇〇指數在三年內重挫四七％，以科技股為主的那斯達克指數從高點暴跌七八％。靠著這些價格飆漲股累積退休金的投資人，夢想就這麼破滅了。幸好，這時出現一個更好的辦法可以累積財富。

從投機心態回歸儲蓄心態

在網路泡沫前的二十年，一種非傳統的投資策略開始逐漸發展。由柏頓．墨基爾（Burton G. Malkiel）的書《漫步華爾街》（*A Random Walk Down Wall Street*）和約翰．柏格在先鋒集團所做的努力為首，開始興起以低成本的指數基金買進所有公司的簡單概念。

幸運的是，我在一九九八年出版拙作《咖啡館投資人》（編按：該書在台灣書名翻譯為《不看盤，我才賺到大錢》）。基於三個經得起時間考驗的理財原則，傳達出既簡單又深奧的訊息，後來也成為我所說「咖啡館投資人」的基本原則：**儲蓄、投資，然後為未來打造理財規畫**。

就在我的書出版後不久，我開始為《國王郡日報》（*The King County Journal*）撰寫每週投資專欄「咖啡館投資人」。《國王郡日報》是當時華盛頓第三大的日報報社。

當我開始撰寫專欄時，我需要用有創意的方式，來描述像咖啡館投資人這樣的投資組合給讀者看，所以我設計一個先鋒指數基金60／40的投資組合，看起來像下圖。

我幾乎每隔一週就提醒投資人，我的60／40投資組合只是咖啡館投資人可能採納的投資組合的一個例子，但我想，好東西是擋不住的。我的七基金投資組合開始被全美各地的投資人運用，而且很早就被投資資訊網站「市場觀察」（www.marketwatch.com）保羅．法洛（Paul Farrell）撰寫的專欄「懶人投資組合」

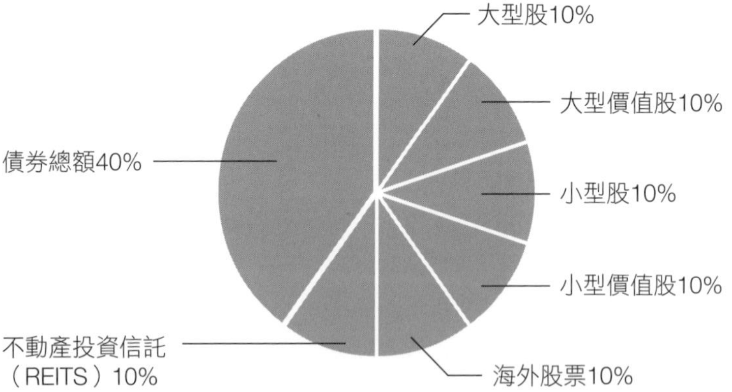

（Lazy Portfolios）介紹。

這個投資組合的好處，從一九九九年到現在，都得到柏格頭網站（編按：柏格頭〔Bogleheads〕指的是一群追尋約翰．柏格利用低成本指數基金進行投資的人，請見：www.bogleheads.org）中「資產分配」（編按：Slice & Dice；不同於資產配置，而是指單一資產內的資金配置）倡導者的認可，且該網站中的《梅辛格月報》（編按：*Madsinger Monthly Report*；由柏格頭論壇成員梅辛格〔Madsinger〕跟踪選定的基金投資組合及其策略的月度業績數據報告）也密切追蹤其報酬率。

儘管這個投資組合長期以來受到投資人的歡迎，但是它的優勢並沒有體現在它的架構或二十年報酬率中。它的優勢體現在長期「捕捉投資人應得的市場報酬部分」。這正是柏格先生很喜歡說的話。

從那時起，我見證這些基本原則改變整個美國，甚至深深影響全世界投資人的一生。逐漸的，投資人開始放棄「選股」心態，回到累積財富的「存摺儲蓄帳戶」心態。

專注在更重要的事物上

「咖啡館投資人」運動其實隸屬於一個更大的運動。參與者以低成本的指數型基金做為持有普通股的方式，只是這個運動的其中一部分。

這個運動不只包括指數型基金，因為指數型基金和目標日期基金（編按：target-date funds；又稱生命週期基金，依照人生不同階段的風險承受與收入需求，來調整資產配置的基金）不是什麼神奇的投資，能確保你在退休時達到財務自由（FIRE）。這些基金只是你的投資組合的基礎，能讓你專注於理財規畫中更重要的事。美國現在正展開更大規模的運動，是一個對財富與幸福更有意義的願景。

不論好壞，我們都生活在一個將財富與幸福定義為累積「更多」實際物品的時代。我們空虛的追求更多，其實是資本主義專注於「更大、更好」所造成的副作用。在和咖啡館投資人密切合作的二十年來，這群位於華盛頓西雅圖郊區的理財顧問將追求「更多」的概念重新定義為：**與社區更多的連結，運用更多的創造力，造福更多的家庭，堅持更多的永續性，邁向更多的平等，更多**

滿足生活的東西，並且促使全世界向前邁進。

本書的基本原則就是這麼一回事。我們要邀請你一同加入，和我們一起過著擁有財富與幸福的生活，並且分享給其他人。這本書將會告訴你該怎麼做。

第 1 章

如何讓財務命運維持在正軌上

哈囉，比爾：

很高興那天晚上參加你的網路座談會。雖然對六年前就成為咖啡館投資人的忠實支持者來說，那天並沒有得到新的資訊，但是複習相關資料還是很有趣的。我非常堅信咖啡館投資人的哲理，所以我買了很多本你的書來送人。現在我很多親戚和朋友的親戚正要從大學畢業。我和內人各送他們一本你的書，還有一張支票，幫助他們開始投資。真希望我在他們這個年紀時，就有人給我這麼好的建議和開始投資的支票。

金恩

過去二十年來，像金恩一樣的咖啡館投資人把改變世界視為己任。透過一次改變一個投資人，來改變這個世界。

我從沒見過金恩，但他在十年前寄了這封電子郵件給我。我們一起用低成本的指數型基金做為投資組合的基礎，重新定義投資的基本原則。他的電子郵件提醒我們，所有人都有機會去觸動別人的人生。

現在，宇宙的能量要我們再多做一點。是時候重新定義財富與幸福人生的基本原則了：

- **儲蓄。**
- **投資。**
- **規畫。**

我們要分享這套簡單的三步驟，來推動全世界向前進步，並與不斷擴張的宇宙保持同步。咖啡館投資人都是這樣做的：

控制你的財務命運踏上正軌，並維持在正軌上，以及改變世界。

如果你的財務資源在你追求財富和幸福的時候，能創造和諧而不是焦慮，想像一下你能做多少事。這個世界需要你過著富足的生活，尤其現在更甚以往。

財富與幸福可以全都要嗎？

我回顧過去二十年，東尼就是過著富足與幸福人生的顯著例子。我從旁觀察東尼的人生展開，部分原因是他的父親是我的表親，而且他一直告訴我東尼的情況。東尼並沒有像他父親一樣從事住宅營造業，也沒有像他祖父一樣從事銀行業。他受到母親的影響，決定進入教育領域。他想教書，但他也想要更多。他決定擴展自己的領域，成為校長。現在他想要進一步拓展觸角，並且在華盛頓州最具有挑戰性的校區研讀博士學位。

我們將在第八章探討，在這個社會上，人們想要追求「更多」這件事。對東尼來說，他所追求的「更多」，推動世界朝向正確的方向前進。過程中，他和妻子凱蒂在「為明天儲蓄」和「活在當下」之間取得很好的平衡。一路走來，因為他認識了「咖啡館投資哲學」，學會放慢生活的步調，確保他們維持在正軌上，讓他們獲得自由以利向前邁步，做自己最擅長的事——養育子女、教育子女和接觸更多人。

東尼可能會說：「如果我能辦得到，任何人都能辦得到。」**重點在於三**

步驟：儲蓄、投資、規畫。東尼的故事並不特別，許多咖啡館投資人就是這樣——平凡人過著不平凡的生活，並且造就改變。東尼的旅程中（也是我們所有人的旅程中）一個很重要的部分，就是在「為明天做準備」以及「活在當下」之間取得平衡。

東尼有著隨和的笑容，而且他很擅於配合宇宙的能量。我很佩服這一點，我有一度很希望自己也能做到。

一九八二年我從大學畢業時，面臨著二選一的抉擇——我既想追求自己感興趣的電腦相關工作，又想拉近和父親的關係。我在華盛頓州東部的一個小型農業社區長大，就像大部分的男孩一樣，渴望拉近和父親之間的距離。雖然我對這個叫做個人電腦的新東西很感興趣，但我的父親熱衷研究股市，所以我選擇了我父親感興趣的事業，而不是追求我對電腦的興趣。

大學畢業後，我搬到西雅圖市，在華爾街券商美邦證券（Smith Barney）擔任股票交易員。我設定的目標是一天要打一百通陌生開發電話（編按：cold-calling，打電話給陌生人推銷或行銷產品），試著找到客戶，並為公司賺進佣金。

事實上，每天打一百通陌生開發電話相當辛苦，你會被客戶狠狠拒絕，然後隔天還要從頭再來一次，日復一日。我以為過一段時間我就會感覺好一點，等到我累積一些客戶，我就不會因為被拒絕而感到不舒服了——但其實情況只是更糟。我感到空虛，而且每天從公車站走到位於西雅圖市中心辦公室的漫長路上，內心都在告訴我，我需要改變。

回顧過去，我可以說，選擇從事證券業而且還待了這麼久是個錯誤決定；不過現在看來，那一段過往似乎是注定的。

我最討厭的事就是陌生開發。陌生開發的專家會告訴我們，如果我們堅持下去，被拒絕了九十五次，然後得到五個潛在的客戶，那就算是成功了，而且對一些證券交易員來說，這就是成功的公式。但對我來說並不是。我很早就放棄打陌生開發電話，並且做了很多大學畢業生在茫然時會做的事。我打電話給媽媽。

她用無窮的智慧告訴我：「去接觸人群。」

所以我照做了。我去小男生的籃球隊當義工教練，然後也在女子排球隊擔任義工教練。

我自願為西雅圖的危機專線（crisis line）接聽電話，加入社區棒球隊，為街友收容中心準備食物，報名登山課程和烹飪課程。

雖然我工作得很痛苦，但我卻在這些活動中找到生活意義。我愛上山水，最重要的是，我愛上西雅圖的人們；只不過，我依然討厭陌生開發。賣股票是一個賺取佣金的工作，券商在乎的從來就不是幫助客戶實現財務目標。雖然我賣股票賣得很失敗，但我發現我很擅於讓客戶買債券。一九八〇年代初期，我打電話給西雅圖的有錢人社區時，他們表示不想要買股票，他們要ＡＡ級、免稅、殖利率佳的債券，而且當時的殖利率非常好。我的陌生開發劇本大概像這樣……

「您好，我是美邦證券的比爾。華盛頓州政府下週要發行ＡＡ級免稅債券，而且殖利率非常好，您有興趣嗎？」

客戶才不在乎我叫比爾、巴布還是布萊恩，他們只聽到：

- 美邦證券。
- 華盛頓州。
- AA級。
- 殖利率很好。

等我把西雅圖有錢人社區的電話全都打了一遍，我開始打電話給奧勒崗州波特蘭市的有錢人社區。我的劇本依舊很好用：

- 美邦證券。
- 華盛頓州。
- AA級。
- 殖利率很好。

這些投資人不要股票的風險。他們要的是安全的收入金流。

最後，我在全美好幾個州都有客戶，我成了美邦證券裡最頂尖的市政債券業務員，賺到不錯的收入，但我還是感覺很空虛。現在回顧過去，那種空虛感只是宇宙能量在推動我去追求更豐富的人生。我當時完全不知道未來會如何，但是賣債券賣了十年後，我覺得我必須有所改變。

在和排球隊一位學生的父親聊過後，我決定辭去工作。這位學生的父親是西雅圖安寧療養院的執行董事，他邀請我擔任療養院社區的顧問。我同時也在療養院擔任志工，和院民溝通，傾聽他們的故事，緊握他們的雙手。

回顧當時，握住療養院院民的手，傾聽他們的故事，讓我接受自己的死亡。孔子的智慧雋語總結了我和這些院民相處時的感受：

我們有兩段人生，第二段人生的開始，就是當我們領悟到人生只有一回（譯注：作者表示這句話為孔子所說，但孔子只說過類似的內容，也就是《論語》的「未知生，焉知死？」）。

成功理財的簡單途徑

我和療養院院民相處與溝通的時間愈長，就愈了解到，我的人生只有一次，我必須做出改變。這就是我辭去美邦證券工作的動機。

我知道這是對的決定，但是離開金融業後，我並沒有一個明確的追求目標，所以還是有種空虛感。我覺得自己浪費了十年的生命，我的三個兄弟、四個姊妹都已經成家，養兒育女，而且做著很重要的工作。和他們一起生活對我並沒有幫助，反而令我更迷惘，所以我獨自收拾行囊，搬到西雅圖北邊七十英里，一個叫做拉康納的小鎮。我在那裡感受到和剛搬到西雅圖時一樣的孤獨和困惑，但是這一次，我有一個打算。

我要融入當地。

我去爬山，在醫院擔任志工，上課和教課，同時思考我的下一步。我報名參加從西雅圖到波特蘭的兩日自行車活動，在經歷漫長的第一天後，我們的自行車團隊在一個耶穌會聚會所過夜。深夜時，我和我的精神顧問艾蕾西絲聊天，當我告訴她我感到的空虛感時，她輕聲回答：「等你回到拉康納時去挖土整地，你就會找到答案了。」

我回到拉康納後開始「拈花惹草」，接下來的兩年都在照顧玫瑰花叢，並且只靠我在美邦證券工作時的積蓄度日。

雖然不是立即的靈光乍現，但當我在挖土整地、打造花園、照顧玫瑰叢時，我頓悟了。當時投資界正由柏頓・墨基爾的著作《漫步華爾街》以及約翰・柏格（John Bogle）帶領先鋒集團的工作，發起一場激進的運動。

這場運動的核心在於「簡單」。**與其尋找績效最佳的公司，在股市中成功投資最好的方法，是買進低成本的指數型基金，就能擁有所有公司的股票**。

我想參與這場激進的運動。我相信這對投資人會有重大的影響，讓他們不要再去注意股市每日劇烈的波動，而是專注於追求財富和幸福的簡單三步驟：

- 儲蓄。
- 投資。
- 規畫。

我知道，這個激進的想法需要許多投資人採用新的思維，包括我自己在內。當你二十二年來都和執著於選股的父親一起生活，然後又在一個執著於選股的產業工作了十年，你會很自然的認為，投資股市最好的辦法就是選擇績效最好的個股。

當我愈去思考這場運動，我就愈認為我發現了人生的意義。現在，指數型基金已經吸引了全世界投資人的注意，但是在一九九三年，當時大部分的投資人都不知道指數型基金是什麼。

當時，有關指數型基金的書似乎就只有墨基爾和柏格的書，而且我都讀過了，但我知道我的兄弟姊妹都不會去讀這兩本書。正如大部分為退休儲蓄和投資的人一樣，他們都忙著自己的生活，沒空去讀理財書籍。

這正是我在找的機會。我想寫一本書，給像金恩、東尼和我的七個兄弟姊妹這樣想追求財富和幸福的投資人，讓他們不必再按照華爾街的遊戲規則，而是能用他們自己的方式投資。

接下來的幾年，我都在撰寫書稿，尋找出版商，最後終於將完成的稿件寄給二十八間出版商。

每一間出版公司都拒絕我。每次我去收信，看到每封拒絕信，我都告訴自己：「這比我想的還要難。」

我想，如果我夠堅持，終究會找到出版商願意出版我的書，所以我回到書店買下《一九九六年文學經紀人指南》（*1996 Guide to Literary Agents*），然後又重新開始。這一次，我寄了徵詢信和試讀章節給四十六個文學經紀人，想要找出願意幫助我找到出版社的人，才能出版這本簡單的小書。

但我還是一直收到拒絕信。現在回想起來，當時在美邦證券打陌生開發電話被拒絕的經驗，讓我變得更堅強，所以即使被拒絕這麼多次，我還是能堅持不懈的尋找經紀人。雖然我一直被出版社和文學經紀人拒絕，但我依舊很有動力，因為至少我是在追求自己的夢想。我和宇宙的能量一致。然後有一天，我終於收到一封信。紐約的一位經紀人想要代理我的手稿，幾個月內他就幫我簽下出書的合約。

在嘗試而且失敗了四年後，我終於拿到出版合約，要寫出六萬字的手稿，然後要和出版社指派給我的新編輯蘇珊討論並修改部分章節。

當修改的手稿完成後，我遇到了一個大問題。我想表達的所有內容，只用三萬五千字就說完了。我還差兩萬五千字才到達六萬字的合約規定。

合約並沒有指定這六萬字的內容，所以我就開始寫故事，不是關於金融市場的故事，而是我人生的故事。我寫下小時候在華盛頓州東南方蛇河（Snake River）河岸邊的小麥田裡的生活；我寫下在西北部和阿拉斯加爬山的經驗；我寫下所有能想到的事，這樣才能湊齊六萬字。

到了要開始編輯書稿的時候，我飛到喬治亞州亞特蘭大市和蘇珊見面。那一個週末，蘇珊負責編輯的《原來有錢人都這麼做》（*The Millionaire Next Door*），登上《紐約時報》暢銷書排行榜第一名。

蘇珊開始編輯我的書時，她刪掉文稿中許多圖表和統計數據，反而保留所有我寫來湊字數的故事。我告訴她：「喂，你刪掉全部的好東西了。我需要這些資料來證明我要說的話。」她的回覆充滿智慧，讓我永遠也忘不了。她說：「比爾，投資不在於圖表和統計數字，重要的是讓你的金錢和生活方式達到和諧的境界。」

我有什麼資格和《紐約時報》暢銷書的編輯爭論？

在《咖啡館投資人》一書即將付梓前，蘇珊和我再次仔細閱讀書稿內容，尋找錯誤的地方。我們之所以會感到焦慮，是因為當時有另一本個人理財書才剛出版。《比爾茲敦的女士們》（*The Beardstown Ladies*）的作者是一位投資俱樂部的女性成員，她們透過優異的選股能力創造極佳的投資報酬。可惜的是，這些女士在計算報酬時犯了錯。她們所選擇的股票績效並沒有書上所說的那麼好，其實根本差遠了。我猜這是個無心之過，但卻非常丟臉；蘇珊可不打算讓她經手的書害她丟臉。所以我們一次又一次仔細的檢查原稿，然後終於出版了。

書在各大書店一上架，我們就開始收到全美各地讀者寄來的電子郵件，他們告訴我們一個非常明顯的錯誤。我有一章寫到股利再投資對投資組合總報酬的重要性，章名是〈我最愛的圓餅〉（*My Favorite Piece of Pie*）。在那一章的最後，我附上一個南瓜派的食譜，但食譜裡沒有糖。讀者很快就來信指出這個錯誤，甚至寄來他們奶奶最喜歡的南瓜派食譜。

成功理財最重要的事

- 儲蓄。
- 投資。
- 規畫。

這些年來，我收到很多讀者的電子郵件告訴我，他們很感激我沒有附上一大堆的圖表和統計數字，但是說了很多如何累積財富，別管華爾街，以及好好過自己生活這類的話。

來自一名年輕女子的電子郵件說，她母親的投資方法既獨特又成功。她母親買下她父親賣掉的所有股票，因為每次他賣掉股票之後，股價就一定會上漲。

我還收到另一名女子寄來的電子郵件，她說她正在重新思考是否要開除股票業務員。畢竟將來股價下跌時，她就沒有人可以罵了。

我最喜歡的電子郵件是來自加州的大衛寄的，他寫：

平衡的生活、平衡的家庭、平衡的投資。我終於找到一種投資哲學，闡述的全是我這輩子的感覺。我快要退休了，我是個幸運的人。我有三個健康的孩子，我現在更愛我的妻子，而且這輩子做了一些適量但是很有智慧的投資。不知道有多少五十五歲的小學校長可以這麼說。你的方法似乎非常適合所有人，因為退休投資規畫在我們的社會中已經變得愈來愈重要了。

大衛說得對。退休投資變得愈來愈重要，我將在本書稍後再談這件事。我最喜歡大衛的電子郵件內容在於，他說我的哲學闡述的是他一生的感受。我分享的不是投資俱樂部的祕密選股公式，我沒有告訴他任何他不知道的事，但大衛欣然接受我的三步驟：

● 儲蓄。

● 投資。
● 規畫。

出書，只是我的「咖啡館投資人」旅程的開始而已。

我必須讓讀者願意買我的書，因此我得做一些宣傳，於是我開始聯絡地方和全國的媒體，以利宣傳這本書。

過程比我想的還要困難，但我早就習慣被拒絕了。

一九九九年初，新穎的線上交易帳戶搭上網際網路熱潮。除了我之外，所有投資人都在一夕致富。當你可以穿著睡衣坐在電腦前買賣股票，然後一夕致富，對於一本告訴他們關於買進指數基金來慢慢打造財富的智慧書籍，就沒有多少人有興趣了。

當時，我與宇宙的能量同步，宇宙的能量對我報以微笑，讓我認識了幾位注意到我的書的投資人。

於是我想，何不真的打電話給幾間咖啡館，看他們對我的書有沒有興趣？

結果，星巴克的書籍採購喜歡我的書，於是訂了八千本；西雅圖安寧療養院董事會的一位董事讀了我的書也很喜歡，介紹我認識華盛頓州第三大日報的商業編輯，華盛頓州正是波音和微軟總部所在地。我聯絡那位編輯，問他是否願意為《咖啡館投資人》寫書評。

他喜歡這個主意，並且建議我自己寫推薦，所以我就寫了。寄出文章後，隔週我又寫了後續的專欄。結果，後來我為那間報社寫了八年的「咖啡館投資人」專欄，每週都說一樣的事：

- 儲蓄。
- 投資。
- 規畫。

曾有一位讀者回應我的專欄說：「原來，重複段落不只適用於搖滾樂。」

我在一九九九年開始寫專欄，當時股市受到網際網路熱潮推升，達到最高峰，然後進入三年的跌勢。那群「穿著睡衣的股神」只好回職場去工作。

我每週的專欄並沒有稿費，但報社的商業編輯允許我宣傳我在當地一間圖書館舉辦的研討會，我就在專欄裡介紹了這場研討會，屏息靜觀是否有人會出現。

結果竟然門庭若市。研討會上擠滿擔心自己的投資組合下跌的人們，他們既想釐清穿著睡衣致富的概念，更想要追求財富和幸福的人生。

他們是憑直覺了解指數型基金邏輯的人們，而且想要將「咖啡館投資人」的基本原則納入自己的投資組合中。更重要的是，運用在他們的生活中。

我離開了只想著選股和賺取佣金的華爾街。宇宙的能量透過一個地區性報紙的專欄，讓我以註冊投資顧問公司（Registered Investment Advisor, RIA）共同老闆的身分，進入理財規畫的世界，為其他人實現財務目標。

我最喜歡的咖啡館投資人是一位女士，我在書中稱她為凱蘿，她非常接受這些基本原則。她本來覺得自己的財務狀況一團糟，在研討會之前的六個月裡，因為網際網路泡沫破滅，使得她的投資組合虧了一大筆錢。隨著她即將退休，她想做出一些改變，走上正軌，並待在正軌上。

首先，我們算清楚她退休後每個月需要的花費。然後我們又計算未來十年內，她每個月需要存多少錢，才能支付退休後的提款速率。我還記得那次的討論，因為凱蘿需要存的錢，其實和她在公司退休基金每個月的儲蓄金額差不多。凱蘿和你們許多人一樣，已經在正軌上了，只是需要再次確認才不會偏離軌道。那時她才知道，是她掌控了自己的理財命運，而不是華爾街。

凱蘿的故事很重要，原因有幾個。**首先，她對追蹤股市完全沒興趣，這讓她可以專注於儲蓄**，而且更重要的是，專注於她的生活。**第二，她在二〇〇八年股市崩盤前一年退休，而且不需要回去工作**。為什麼？因為空頭市場本來就是人生的一部分，當你的理財規畫和資產配置決策中已考量到熊市時，就算不喜歡空頭市場，你還是撐得過去。凱蘿在心理上和財務上都準備好面對空頭了，而我們也應該如此。

現在，她退休了，她把精神放在支出，而不是華爾街，這讓她可以專心控制投資組合的提領速率。凱蘿能過著富裕的退休生活，因為是她自己掌控了自己的理財命運，而不是華爾街。

凱蘿知道，在和諧的理財規畫中絕對不可或缺的一點，就是知道自己正走在正軌上，並且無視華爾街。但是，無視華爾街並不表示無視世界上正在發生的事。那是不可能的。

你怎麼可能無視網際網路泡沫破滅和九一一恐怖攻擊？

你怎麼可能無視二〇〇八年的金融危機？

你怎麼可能無視二〇二〇年的 COVID-19 全球疫情？

你不可能不管世界上發生的大事。你也不該無視這些事，因為這就是人生。但你有能力控制在你掌握中的事，例如：咖啡館投資人的基本原則。你有能力控制自己一年要看幾次投資組合，你有能力追蹤你的支出。**最重要的是，你有能力把注意力放在重要的創造力上，找出比華爾街每日波動更有意義的目標。**

如果你追求的目標是過著和凱蘿一樣的生活，也許你該遠離華爾街，去挖土整地，找出等待你的富足生活了。

這就是咖啡館投資人的意義。

我們正在轉折的時刻。世界正在改變，從適者生存轉為所有人的永續生存，這將挑戰我們運用重要的創造力和共同的智慧，從新的面向、新的架構、新的概念來解決問題，也許過程中還可以改造自己。

我們在內心深處想要和全世界分享我們的智慧，我們希望把世界變得更好。正是偉大的宇宙能量帶動各個社區、文化、企業、國家，是的，甚至是帶動股市邁向更高的層級。你愈能將好的能量釋放到這個持續擴張的世界，我們就會生活得愈好。

我們要為了彼此，把世界變得更好。

至少你要為了自己，活出你值得的富足人生。接下來，我們該談談如何實踐基本原則了。

第 2 章

實現財務自由步驟一：儲蓄

人生很漫長。退休儲蓄現在仍是相對新穎的觀念，而不是世代流傳下來的傳統。把錢藏在襪子裡，以便在未來沒有工作的二十五年還有錢可以花，這個觀念並不在我們的儲蓄基因裡。而且並不是只有你一個人需要研究怎麼做。

大家都覺得美國人不擅長儲蓄，尤其是為退休儲蓄。美國人只想活在當下，把錢花在讓今天過得快樂的事物上。對某些人來說也許是如此，但你不該如此。你必須知道在為未來儲蓄和今天花費之間尋求一個平衡，而且這是你可以掌握的事。

雖然嘗試計算今天要存多少錢，才能負擔二十五年的退休生活，可能是一件很可怕的事，甚至你根本不知道該從何開始，但你還是必須做到。過去二十多年來，咖啡館投資人告訴我們，最好是從頭開始——而且你要有一個清楚的願景。

立下儲蓄的目標

花一點時間回想一下，你曾經為了實現某個目標而存錢，而且後來真的實現目標，你現在需要的就是這樣的目標感。在你儲蓄的過程中，有目標的好處不只是未來有一天真的會實現儲蓄的目標，同樣重要的好處是，你知道自己現在正走在對的路上。

以我來說，我曾經想存十五美元買一個棒球手套。我實現了這個目標，而且那十五美元的儲蓄經驗一直跟著我，直到今天。當我想要動用投資組合裡的錢，而不是專注於正軌上時，我就會想起那個經歷。

你的願景可能會隨著時間而改變，但是沒有關係，因為人生就是這樣。你只要稍微調整一下理財規畫來維持在正軌上就好。我們會在第六章重新審視不斷改變的理財規畫。

如果你二十五歲，而且才剛要開始存錢，「走上正軌」的意思可能是，把你薪水的一五%存在公司為你開設的退休基金帳戶裡；如果你五十五歲，而且正要開始存錢，「走上正軌」可能就有不同的意義。不變的是，走上正軌永不嫌遲。

每個人一生中都會有不同的支出和儲蓄目標。我的目標可能是週末去打高爾夫球，你的目標可能是去露營；我可能想去雷尼爾山的冰川度假，你比較喜歡夏威夷的海灘。但是一說到為退休儲蓄，大部分的人的目標都一樣，這是一種反映我們還在工作時就期望的生活方式。

回到那十五美元的棒球手套。當我看著自己一生的儲蓄，就會想起老舊的小農舍天花板上掛著的那條繩索。繩索末端綁著一顆棒球，在離地三英尺高的地方；我和弟弟就是這樣學打棒球的。

讓我上場，我準備好了。

農舍的另一個角落放著氰化物毒藥，用來殺死夜間在農場外頭閒晃的郊狼。在那間農舍裡練習棒球時，只有一個基本原則——不要去碰毒藥。我和弟弟會在那裡打好幾個小時的棒球，而且不會去碰氰化物毒藥，同時夢想著未來重要的事。

在我五歲的時候，我的夢想是到波士頓去看我父親最喜歡的球員泰德．威廉斯（Ted Williams），他效力於紅襪隊。在我的五歲生日那天，我收到一個很輕薄的棒球手套，我不練打擊的時候，就在練習接外野飛球。

看看我，我也可以守中外野。

幸運的是，我們家的農舍屋頂很陡，讓我可以把棒球丟到屋頂。當球滾下來時，我想像自己不再是農場裡的小孩，而是站在波士頓芬威球場的中外野手，準備在世界大賽中接住最後一顆球，拿下勝利。

某個夏日夜晚，父親帶著我和兄弟去看真正的棒球賽。我們開著雪佛蘭的廂型車，載著一大群堂表兄弟，開十八英里去愛達荷州路易斯頓市，看奧克蘭運動家隊（Oakland Athletics）的農場隊路易士克拉克．布朗克斯隊（Lewis-Clark Broncs）比賽。他們的中外野手叫做雷吉．傑克森（Reggie Jackson）。天啊，他球打得真好！

在看了雷吉．傑克森打棒球後，我的大聯盟夢出現了全新的意義。進入大聯盟是個遙遠的夢想，但是在愛達荷州路易斯頓的路易士克拉克．布朗克斯隊打球，是一個可能實現的夢想，因為路易斯頓就在我家山腳下，我家養的豬都是載來這裡賣掉的。我到這裡打球是有可能實現的。

到了三年級時，我的年紀足以參加小聯盟的選秀，但是我遇到一個大問題：我需要一個新的棒球手套。當你是個愛打棒球的小朋友，你會很注意其他小朋友的棒球手套，我特別注意布萊恩的棒球手套。對我來說，他的手套看起來比雷吉·傑克森的還要大。我們在守護天使小學（Guardian Angel School）的下課時間打球時，每次我都會注意到他的手套。

一想到我得用又薄又小的棒球手套參加小聯盟的選秀，就讓我難以入眠。再過三個月就要選秀了，我忍不住向父親要求一個新的棒球手套。但就像當時大部分的父親一樣（也許除了布萊恩的爸爸之外），我的父親才不會這樣就買新的手套給我。我得自己賺到這個手套的錢。

因此，我除了要砍薊菜、除草、餵豬和清理穀倉這些家務之外，我還在我家農場提供給華盛頓州立大學小麥種植者的實驗土地上除草，賺取額外的手套基金。

我非常想要得到那個棒球手套。我知道我要的是哪一個手套，也知道它的售價是多少。我知道小聯盟選秀還剩下幾天。我發現，如果我一天為實驗土地除草一個小時、一週除草五天、持續三個月、每小時賺二十五美分，我就能賺到足夠的錢買那個手套。

完全掌控財務命運的感覺真的非常棒。我不必靠聖誕老人，而且更不需要靠我的父親。當我為實驗土地除草時，我想的不是小聯盟的選秀，我在做白日夢，夢想著為路易士克拉克布朗克斯隊擔任中外野手。

每天晚上除完草後，在我入睡之前，我會再計算一次還需要除草幾個小時才能去選秀，我還需要多少錢才能買那個手套。我會確保自己走在正軌上。

我到現在還保留著那個十五美元的棒球手套，也保留著那個被取代的薄棒球手套。現在，每當我開始想到壞天氣和空頭市場時，我就會想起那兩個手套，並提醒自己，我掌控著自己的財務命運。

華爾街人士也許會認為，工作三個月賺錢買棒球手套，和工作四十年為退休儲蓄是不一樣的。在和「咖啡館投資人們」合作了二十年後，我得說我不同意華爾街的看法。咖啡館投資人們讓我知道，為退休以及為十五美元的棒球手套存錢的道理是一樣的。你必須存錢，這就是財富與幸福人生的第一步。

趕走煩人的華爾街推銷員

我得毫不遲疑的承認，為退休儲蓄比為買棒球手套儲蓄來得複雜許多。如果你是美國人，你得搞清楚諸如401(k)退休帳戶、羅斯401(k)退休帳戶、個人退休帳戶、羅斯個人退休帳戶、不可抵稅個人退休帳戶，以及更多的退休帳戶的類型（編按：以上為美國的退休金制度，請見附錄說明）。但是，基本原則永遠不會變。

你必須儲蓄。

對某些人來說，存到足夠的錢是件非常困難的事，因為華爾街總是會轉移你的注意力，讓你去想一些你無法控制的事，例如：

1. 產業基金（Sector funds）。
2. 結構型商品（Structured notes）。
3. 衰退（Recessions）。
4. 四%法則。
5. 相關係數。

6. 標準差。
7. 蒙地卡羅模擬（Monte Carlo simulations）。
8. 效率前沿（Efficient frontiers）。
9. 夏普比率（Sharpe ratios）。
10. 資本資產定價模型（Capital Asset Pricing Model, CAPM）。
11. 另類投資。
12. 比特幣。

以上還只是其中的幾項而已。

你可以隨心所欲的為這些金融術語貼上標籤。當然，這些項目對華爾街和學術機構來說都很重要。不過，我猜這些東西對《原來有錢人都這麼做》書中人物來說一點也不重要；我知道，這些對我在美邦證券的市政債券客戶來說不重要；我知道，這對我祖父母來說不重要。過了二十年，我知道這些對「咖啡館投資人」來說不重要。

當你試著回答「我的財務是否走在正軌上？」這個問題時，華爾街的問題在於他們的術語會讓你分心，打散你探索內心情感的注意力，以及你該如何打造和諧的金錢觀。

若要了解你的這些想法，華爾街和學術界的人必須先暫停遊說，傾聽你真正的想法。但是我們在下一章會學到，華爾街的人自認為比你聰明。比起聽你說你為十五美元的棒球手套儲蓄的想法，對他們來說，談論蒙地卡羅模擬、結構型商品和夏普比率還比較簡單。

「我們的財務走在正軌上嗎？」這是凱西和丹在二〇一九年一月和我聯繫時所提出的問題，當時股市經歷了十二月的跌勢後正在復甦。經過幾分鐘的電話溝通，我感覺得出來，他們和許多美國人一樣，財務狀況並沒有走上正軌上。

凱西擔心，她的401(k)退休帳戶淨值在十二月的跌勢中大減二〇%；丹則是擔心他的證券帳戶裡選擇的產業基金展望不佳。

他們有許多不同的退休基金帳戶，包括舊的個人退休帳戶（IRA）、舊的

401(k)帳戶，和新的401(k)帳戶。我建議他們把自己的帳戶整合一下，打造一個簡單的「咖啡館投資人」投資組合，並且不在意股市的走勢，多專注於自己的儲蓄。

一年又兩個月後，當 COVID-19 疫情造成股市重挫三〇%時，凱西和丹又焦慮的打電話給我。凱西擔心她的401(k)淨值大減三成；丹仍為他在證券帳戶裡選擇的產業基金展望不佳而憂心忡忡。

我再深入追問，他們才承認，雖然一年多前我們談過，但他們什麼事也沒做。

這時就該談談基本原則了。

我問他們的退休目標是什麼，以及他們打算退休後每個月花多少錢。他們沒說什麼，反而比較想談股市大跌和產業基金。

我禮貌的請他們暫時別談華爾街，而是談談他們自己。這時他們才發現基本原則的存在，終於開始走上正軌。

我建議他們打造一個七十歲可以退休，而且生活方式類似於現在生活的願景。

接著，我再詢問他們目前每個月支出的速度，他們承認自己並沒有記帳，但估算將近七千美元。然後，我們進行深入研究，才發現到了七十歲時他們的共同社會安全福利金只有五千美元。我們判斷的結果是，他們未來十年必須存夠錢，才能支付退休時每月短少的兩千美元。

雖然不像買一個十五美元的棒球手套那麼簡單，但是要計算出這些數字也沒有那麼複雜。

當凱西和丹了解到他們每個月需要存多少錢，才能補足退休後每個月不夠的部分時，他們的反應是：「我們辦得到！」他們聲音裡的興奮之情，就是我為了買那個手套而儲蓄時的感受。

「我們辦得到！」是為了遠離華爾街，並開始創造和諧的金錢觀所踏出的第一步——你知道你有能力讓自己的財務走上正軌，而且不再脫軌。

接下來的十年，凱西和丹的人生會發生其他事，需要他們調整財務規畫。但是沒有關係，至少，他們已經開始討論如何用自己的方法打造財務和諧。

我告訴凱西和丹，多年前我領悟到一件事：**如果你不必去想儲蓄這件事，那麼儲蓄就簡單多了**。凱西在公司的退休基金帳戶有自動提撥薪資功能；丹則是自雇者，他需要打造屬於自己每月自家庭支票帳戶自動提撥的方案。

雖然華爾街創造了很多技術來協助他們分析你的投資組合，但是打造財富最好的一項技術，仍然只是把錢自動提撥至退休帳戶這樣的簡單。

錢都花到哪裡去

我鼓勵凱西和丹記下一整年的帳。不必每一分錢都記錄下來，但是要足以讓他們知道錢都去了哪裡。**記帳，是讓財務走上正軌且不會脫軌的主要辦法。**這麼做的好處絕對不只是走上正軌而已，這麼做可以讓你將現金流重新導向能打造財富和幸福人生的地方。光是記帳這件事，就能永遠改變很多人的人生。我知道，因為記帳也改變了我的人生。

我是在被迫讓財務走上正軌時，才開始記帳的。當時這麼做是為了生存。這也是我這輩子第一次知道自己資金進出的情況。

當我辭去證券公司的工作，搬到拉康納市思考人生時，我的收入變成零。雖然我存了一些錢，但我計算了一下，就像我為那十五美元的手套所做的計算。我知道一個月如果花七百美元，我可以兩年不工作，然後就必須重回職場。當房租要三百美元時，我知道剩下的四百美元該怎麼花用。我知道這段時間，我不能像在美邦證券工作時那樣吃高級的晚餐。

記帳帶給我的好處，還不只是讓我確保每個月不花超過七百美元。記帳還逼著我重新審視我在沒有意義的事情上的花費，然後，提醒我把這些錢重新放在能提升創造力的事情上。

當我還是證券業務員時，我的收入遠高於我買基本的食物、醫療和房租所需的資金，所以我習慣了一些沒有意義的花費。

當我在辦公室工作時，我想要更多東西的慾望，超越了為退休儲蓄的慾望。

當我沒有工作時，我還是想要「更多」，這表示我必須追求的是不同類型的「更多」。例如，更多創新、更多社區的人際往來，更深入探索我想和世人分享的東西，更深入發掘自我。

當你在打造和諧的金錢觀時，這可能也是你會面臨的挑戰。花一點時間發掘「更多」生命中有意義的事。我現在又開始工作了，但我還是需要處理想要「更多」的情緒，我必須去理解這種情緒，因為這種情緒在我的餘生中仍然是DNA中健康的一部分。

當我搬去拉康納時，我有機會把每月只花七百美元的匱乏心態，轉變為每月可以花七百美元的富足心態。這不是一夕之間發生的，但我即時發揮重要的創造力，使得我的心態開始轉變。

雖然我當時不再吃一頓五十美元的晚餐，但我還是得吃飯。所以我拿出十年前在義大利買的自製義大利麵機，然後試著增進我製作義大利麵的技巧。我重新找回了用手把麵粉和雞蛋混在一起，把它變成麵糰，然後用製麵機自己做出義大利寬麵條的感覺。

我白天在撰寫「咖啡館投資人」的專欄內容，晚上自製義大利麵。隔天也一樣。因為我在撰寫「咖啡館投資人」專欄和製作義大利麵時玩得很開心，後來我還開始在華盛頓州貝林翰市的西北自由大學（Northwest Freedom University）開班授課，教人投資和製作義大利麵。投資課的學生大部分是女性，義大利麵課的學生主要是男性。四週課程結束後，投資課的女性開始出現在義大利麵課，這讓我非常開心。

二十五年前，我放慢生活的腳步以審視人生，並打造和諧的金錢觀，我到現在還是會這樣審視，而且我希望各位讀者也這麼做。如果你認為我二十五年前記錄如何花用七百美元，這和你現在付房貸、養兒育女、過著忙碌的生活沒有關係，這麼想或許並沒有錯。

但是基本原則並從來就沒有改變。

你現在想要過著富足的生活，同時還要確保未來的退休計畫走在正軌上。現在富足的人生，要視你如何專注於自己的創造力而定，而不是你花了多少錢。你必須誠實的評估自己的花費，然後把這些錢導向自己重要的創造力和退休這件事上。

儲蓄和記帳的習慣早於FIRE

現在流行的「財務自由、提早退休」（FIRE, Financial Independence Retire Early）運動，讓人們放慢腳步，檢視和重新引導他們的資金流向，以打造和諧的人生。許多參與FIRE運動的人，打算用薪資的一大部分來創造財務自由，以及實現提早退休的可能。

這個運動也引來很多批評的聲浪，包括「這年頭誰會想要活得像斯巴達人那麼刻苦？」或是「為什麼會有人想要在四十歲退休？」但是，如果有人想要把薪水的八成存起來，每天晚上自製義大利麵，好讓自己提早退休，下半輩子在拉康納的鬱金香田裡享受人生，憑什麼說他們不該這麼做？

如果有人想要提早退休並且規劃實現的方法，對他們來說是件非常好的事。FIRE運動吸引我的不是RE（提早退休）這件事，而是FI（財務自由）——有意識的仔細審視自己的支出，並將這筆錢重新用來打造財務自由，也就是過著自己想要的生活。

投入FIRE運動的人都專注於我們每個人都該做的事，也就是認真審視自己生活中的資金流動。至少，知道你如何花錢，能讓你有機會和自己或伴侶進行一場有意義的對話，來探索你／你們花錢的方式是否真的符合想要的生活方式。這就是記帳最大的好處。

知道自己的資金流向並不是新時代的千禧世代才有的東西。對於許多人來說，這是多年來的一種生存練習。

我的祖父母與外祖父母來自美國不同的地方。我祖父母在蛇河岸養兒育女；我的外祖父母住在好萊塢附近、加州聖塔蒙尼卡市養兒育女，後來才搬去華盛頓州斯波卡恩市。然而，我的祖父母和外祖父母有一個共同點，他們都在大蕭條時代養育兒女，而且很仔細記錄他們的錢花到哪裡去——他們的帳本現在就在我的書架上，幫助我在打造財富和幸福人生時，提醒我最重要的事。

他們與金錢的和諧關係，就是來自於他們對財務的認識，這也是參與FIRE運動的那些人在做的事。這也是過去二十年來，「咖啡館投資人」所關心的事，而且你也應該這麼做。

凱西和丹開始讓財務步上正軌，他們不再討論華爾街，而是開始專注於生活中的資金流向。

當我想要花更多時間來培養他們重要的創造力時，凱西和丹告訴我一個已經醞釀多年的夢想。他們準備開一間小公司，並且打算在閒暇時間正式成立。我們談得愈多，他們就對這個夢想愈興奮。

根據他們告訴我的，這間小公司在未來十年會對他們退休後的財務健全有很重大的影響。

在我看來，這個小小的想法最大的好處，在於讓他們不再去想華爾街，而是去想如何發展他們的創造力。

這就是富裕而且幸福的人生。

我們用資金打造的和諧人生，能讓我們過著富足、而不是匱乏的生活。這就是FIRE運動的真諦。他們把一些人所說的匱乏心態轉變為追求「更多」的心態——更自由、更獨立，而且感覺更有活力。

讓財務步上正軌，會讓你和宇宙的能量同步，因為你掌控自己的財務命運。這就是我們接下來要探討的。

第 3 章

別怕，
你比華爾街更聰明

我不相信這是真的。

有人說，只有二四%的女人對自己的投資能力有信心？[2]在我們生活的世界裡根本沒有這回事，應該要是百分之百才對。

每個人都可以自己做好投資規畫，**因為重要的事只有兩個：銀行帳戶和金融常識。**

以前你在尋找投資建議時，可能聽另一半說過：「我比你聰明。」現在已經不是這樣了。從現在起，說法已經改變了。你擁有帳戶和常識，你就比另一半更聰明。

銀行帳戶和金融常識的力量

本章稍後會提到娜塔莉、莉莎、迪妮絲和蒂娜的故事，她們會告訴你，不論你是三十五、二十三、四十五或是九十歲，你的銀行帳戶和常識，對財富和幸福人生來說很重要。

娜塔莉是有兩個孩子的單親媽媽，過去十年來，我一直敦促娜塔莉開設個人退休帳戶，並且提撥收入進去。但每次我和她聯絡，她的回應總是：「我不懂股市，而且也不想在股市賠錢。」有時候我會想，也許只是生活中有太多阻礙令她無法這麼做。就像大多數的母親一樣，她把孩子放在第一位，然後才會開始想到要照顧自己。

二〇一八年時，娜塔莉主動聯絡我。她工作的公司成立了新的退休基金方案，她想要讓雇主提撥相應的金額。我想她大概是明白了，如果不開始為退休儲蓄，等到她退休時，除了社會福利金以外，她根本就沒有其他收入可以維持生活。因此娜塔莉想要有更多的保障，讓財務步上正軌。

她將一長串的退休方案基金列給我看，並表示她很遲疑該不該找人幫忙。然後，她又再說了一次：「我不懂股市，也不想在股市中虧錢。」

我問她有沒有雨天基金（編按：rainy-day fund，指應對突發情況可使用的備

2 來自二〇一八年富達女性與投資研究。

用儲蓄），她說有。我又問她，是否為家人先立好遺囑，她則說沒有。有沒有為兩個女兒買壽險？沒有。有沒有為女兒存大學基金？沒有。然後，她微笑著說：「但我真的很會管理我的銀行帳戶。」

她又笑著說：「只要告訴我需要存多少錢就好，我會想辦法存到的。」我們計算了一下她每個月應該提撥至退休金帳戶裡的金額，以及這對她未來人生的月收入的影響。

最後，她真的找到辦法存錢，並達到目標了。

只要說到個人理財，金融業永遠的箴言是「我比你聰明」，好像是在說：「（因為你是女人）你不擅長管錢。」我的經驗正好相反。就像娜塔莉一樣，你也手握財務命運的鑰匙，你掌控自己的帳戶，而且你具有基本常識。

娜塔莉的故事應該能啟發你，善用你已經擅長的東西，也就是管理銀行帳戶和運用金融常識，把這兩樣東西擴展至更廣的理財規畫主題上，以利追求財富與幸福。

二〇一九年初時，瑞士銀行（UBS）發表一份報告，標題是《掌握你的價值——為什麼女性應該掌控自己的財富以達到財務幸福》。

這份調查全球將近三千七百位已婚女性的報告指出，逾八成的女性每天都要做家庭開銷決策。但是，將近六成的女性並沒有投資、退休金和保險這些長期財務規畫。

女性知道她們需要更長期的財務規畫，但是卻沒有貫徹計畫，問題出在她們對重要的財務決策沒有信心。

這份報告引述的資料指出，六八％女性相信自己會活得比配偶還要久，並指出以下女性理財規畫的需求：

- 七六％的人想要退休規畫。
- 七二％的人想要長期照護規畫。
- 六八％的人想要保險規畫。

掌控自己的財務命運，代表的是改變自己對投資的觀點。沒有人比你聰明。你現在對投資的信心，會影響重要的財務規畫議題。

在我看來，華爾街並不會改變。這個產業永遠都會說，選股、猜測趨勢和預測經濟對你的幸福很重要。他們這麼做就是在推廣那句箴言：「我比你聰明。」

幸好，大部分公司提供的退休基金方案這些年來已有成長，它們會納入一些投資選擇，讓你可以用一筆投資，打造出像「咖啡館投資人」這樣的投資組合——那就是目標日期基金。而且，你不需要華爾街來幫忙。這樣的結果是什麼？你已經做好投資，因此現在你可以開始討論並規劃一些更重要的事了。

做好退休規畫是非常重要的，因為就像那份調查指出，人生中可能有時候你會需要一些額外的指引，例如：退休規畫、長期照護規畫和保險規畫。不過，此時華爾街還是會暗示你：「我比你聰明。」並且給你像這樣的理財規畫建議：

- 挑選績效最佳的個股。
- 找出現在的趨勢。
- 預測商業景氣週期和市場週期。

他們不會審視你需要規畫的事情，例如：

- 保險規畫。
- 退休金規畫。
- 醫療規畫。
- 教育基金。
- 稅務規畫。
- 慈善捐款。
- 老年照護規畫。
- 資產位置（asset location，也就是投入資產的帳戶）。
- 資產配置（asset allocation）。

打造一個低成本的指數型基金投資組合，是你的財富與幸福人生必要的元素，因為這麼做可以將每一個籃子（也就是投資組合中的資產類別）裡的報酬最大化。

咖啡館投資人型式的投資組合，最大好處在於情緒自由，讓你不必擔心你的投資組合，可以專注於重要的理財規畫議題。

華爾街不喜歡你不需要依賴他們，就能打造咖啡館投資人型式的投資組合。他們絕對不會承認，因為你掌控自己的銀行帳戶，而且你有常識，所以你比他們聰明。

我辭去美邦證券的工作後，一九九五年再度聯絡上老朋友喬，他是紐約美邦證券共同基金部門的高階經理。我告訴他我正在打造的「咖啡館投資人」方案，他無禮的斷然回應我：「指數型基金絕對不會受投資人歡迎。」

華爾街有各種非常有創意的方式，可以把指數型基金說得一文不值，而且把主動式選股說得很好。即使到了今天，指數型基金愈來愈受到歡迎，華爾街的金融業者還是繼續推廣專業選股的投資組合管理，他們是這麼說的：**「當你可以打敗指數，又何必選擇指數？」**

要回答這個問題，我們先從常識的觀點來看。投資於股市時，我們有三個選擇：

1. 自己選股。
2. 請專業的選股人，或是積極管理的共同基金來選股。
3. 透過被動式管理的指數股票型基金，投資所有的股票。

邏輯上來說，你會認為專業的選股者應該可以選到夠好的股票，並且避開不好的股票，創造出優於大盤的投資績效。

但事實是，他們沒辦法，也不會這麼做。

因為市場是有效率的，我們將在第四章討論到這一點。**也因此過去十年來，超過八成的主動式管理基金績效不如指數基金**。[3]

不過，華爾街並不會因此不再說「我比你聰明」。

3 S&P Dow Jones Indices. (2019). SPIVA U.S. scorecard year-end 2019.

我可以比華爾街還聰明

在查看娜塔莉的公司所提供的退休金投資方案時，她不只希望我幫忙挑選幾個共同基金，她還要了解我這麼建議的原因。

娜塔莉就是這樣的人。一旦要用自己的錢投資，她就要懂得自己做決定的原因，因為她必須為自己的決定負責。

在選股時，華爾街總是非常固執的宣稱：「我比你聰明。」所以當我在二十五年前打造「咖啡館投資人」方案時，我為像娜塔莉這樣的投資人設計了一個小小的遊戲，稱為「比盒子更聰明」，用來幫助她了解自己的決定，為自己的決定負責。

我要娜塔莉自己決定，不是因為這是約翰．柏格的建議，不是因為墨基爾的書裡這麼建議，不是因為我這麼建議，是因為這符合她的常識。

別忘了，過去十年來，約八成的主動式管理基金的績效落後於投資大盤的基金。我設計的「比盒子更聰明」遊戲是這樣的（見圖①）：

這裡有十個盒子，每一個盒子有一千～一萬美元不等。當你知道每一個盒子裡有多少錢。你會選擇哪一個？顯然，大家都會選擇有一萬美元的盒子。下個問題是（見圖②）：

現在，除了裡面放了八千美元的盒子之外，我遮住每個盒子裡的金額。你會選擇哪一個？

在這個情況下，選擇八千美元的盒子是很明顯的選擇。因為這是常識。我們可能可以選到一萬美元的盒子，這樣就能打敗大盤，但是我們值得冒這個險嗎？因為結果也有可能選到金額更小

①

$1,000	$2,000	$3,000	$4,000	$5,000
$6,000	$7,000	$8,000	$9,000	$10,000

②

?	?	$8,000	?	?
?	?	?	?	?

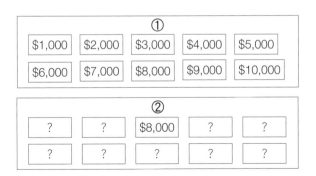

的盒子。

我在舉辦「咖啡館投資人」研討會和視訊研討會時，介紹過「比盒子更聰明」的遊戲好幾次；我也向娜塔莉說明過。大家的反應永遠都一樣。

她選擇了八千美元的盒子，就擁有整個市場。從現在起，娜塔莉的下半輩子都會知道，擁有績效最佳的個股，和打造理財規畫、建立財富和幸福的人生並沒有關係。

對娜塔莉來說，重要的是管理她的銀行帳戶，並仰賴她的常識判斷。

我們討論過，她對於在股市裡虧錢的擔憂。我告訴她，她在股市裡一定會經歷虧損。股市有時候會下跌幾天，有時候會下跌一整年。但是研究顯示，以一生的投資來看，股市每七年就會下跌約二〇%。[4] 股市就是這樣，前進兩步，退後一步。

我畫了一張圖給娜塔莉貼在衣櫃上，等到下次股市重挫一〇%、二〇%、三〇%或更多時，讓她可以再看一次。那張圖大概像下圖。

我告訴娜塔莉，她可以選擇堅持把所有退休金提撥用來買債券型基金，只要領取二%的報酬就好；或是把部分提撥的金額拿來投資股市，雖然要忍受短期的波動，但是長期下來可以預期更高的報酬，等到她退休時，每個月能領的錢就會更多。我將在第六章討論關於股票和債券的投資組合，也就是資產配置。

用圖畫出來，就比較容易看得出股市的長期預期報酬比較高。我知道，我們不是生活在紙上。我們活在當下，當下的股市可能下跌，而且連跌好幾年；當下不會看出網路股熱潮會破滅，九一一恐攻會發生；當下不會看出二〇〇八年的金融危機；當下不會看出 COVID-19 在全球大流

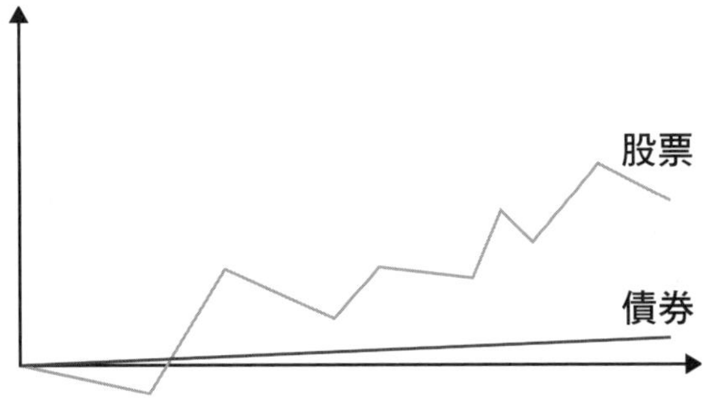

4 資料來源：Capital Group。

行，而且還能相信未來全世界會有更好的生活。

下一次空頭來臨時，活在當下會很不容易。但我和娜塔莉知道，只要掌控銀行帳戶和運用常識，就能幫助她度過空頭市場。

有件事讓我笑了出來。二〇二〇年三月二十日，股市下跌二六％，我收到她的簡訊：「我在401(k)退休帳戶裡的錢全部會回來吧？」

我還是回撥電話給她，我們都笑了。但這件事情讓我開始思考。

當時道瓊工業指數是二萬六千點（譯注：約為二〇二〇年十月時）。二十五年後，娜塔莉就六十歲了。如果未來二十五年股市的年化報酬率是六・五％（這樣的報酬率遠低於歷史平均），那麼指數就是十二萬五千點——也許那時候，娜塔莉就會開始思考退休的事了。我並不是在預測股市會漲那麼多，但是我提醒她，股市未來兩年會如何並不重要。**掌握股市未來二十五年的報酬率，才是打造財富與幸福人生的重點**。

對於公司提供退休金投資方案的勞工來說，這裡有一個好消息。我之前提過，許多方案現在都提供「多樣化資產」的指數型基金，一般稱為目標日期

基金。這些投資長時間下來會自動再平衡股債配置，讓你可以把心思放在儲蓄上，而不是去想投資組合的事。

「我比華爾街聰明」會影響各年齡層的投資人。

莉莎是二十三歲的大學畢業生，她很快就開始把薪水提撥到退休金帳戶裡。因為她的母親過去二十年來都是「咖啡館投資人」，母親和她分享基本原則，所以莉莎對管理投資組合擁有信心，這樣的信心也延續在人生的其他方面。

也許，這讓她更有信心可以大膽要求第一次加薪。因為莉莎已經有投資規畫了，加薪的金額將提升她在退休金投資方案中的儲蓄。

如果莉莎開始提撥後五年，股市下跌三〇％，我並不會感到意外。但因為莉莎已經做好投資規畫了，當其他投資人都在恐慌時，莉莎可以利用機會把她提撥的金額再提高。因為她知道，在她這個年紀時股市下跌三〇％，對於她追求財富與幸福人生會有很大的幫助。

這個想法的改變也影響了蒂娜的人生，她是一位退休醫生，已經高齡九十歲。對她來說股市好像不存在，她忙著與退休社區的人往來，與社區的人分享正能量，而且她知道該怎麼分享，即使是在COVID-19疫情期間也是。股市的波動對她來說並不重要，因為她已經有投資規畫了。

二十年前，蒂娜在讀了我的專欄一年後，因為想了解更多所以聯絡了我。她沉重的告訴我，她先生臥病在床，而且時日不多。她和丈夫攜手共度財富和幸福人生五十年了，所以她對未來的獨居生活感到焦慮。

蒂娜不需要玩「比盒子聰明」的遊戲，因為她早就已經知道了。她的預期壽命很長，她只想要從投資組合中在債券分配足夠的資金，以支付未來十年的開銷所需，她想要的配置應該能幫助她撐過任何一次的空頭市場——到目前為止都是。現在，她和二十年前一樣仔細管理自己的銀行帳戶。即使她九十歲了，她已經安排好投資規畫了，所以她能自由的做她最擅長的事，在她所住的社區分享她的創意，讓世界變得更好。

心態的改變，也改變了迪妮絲和先生派屈克的生活，他們已經安排好投資規畫了。迪妮絲的故事並不特別，但是很有力量，因為夫婦共同的決定影響了婚姻和家庭財務狀況。她的故事是這樣的，她愛上一個很熱衷於股市的男人，因此由他負責管理兩人的共同投資組合。他對股市的關注影響他們生活的其他方面。然後，他們的生活失衡了，一說到理財，就會有一種「他比她聰明」的感覺。

當我告訴迪妮絲「比盒子更聰明」這個簡單的遊戲時，她馬上就懂得箇中邏輯。她告訴丈夫派屈克這個邏輯遊戲，他也很厲害，他也懂這個邏輯。現在他們已經安排好投資規畫了。他們的投資規畫讓他們可以自由、平等的處理家中的事務。例如：孩子的大學教育費、房貸支出、調高壽險金額，也許還可能多存一些錢。

迪妮絲和派屈克在家庭理財計畫中建立起信任，這是很多夫妻做不到的事。專注於管理銀行帳戶和運用常識，讓他們培養出開放的對話方式，並且以此來教育子女打造財富和幸福的人生。

迪妮絲和派屈克所打造的財務和諧是很罕見的。只有一九%的家庭，伴侶之間會平等制訂財務決策；而且這麼做的家庭能得到非常大的好處。

參與長期財務決策的女性受訪者中：

- 九十五%的人說：「如果另一半出意外，我知道我們的財務狀況。」
- 九十四%的人說：「我對我們的財務未來更有信心。」
- 九十三%的人說：「我們共同決策，犯的錯就比較少。」
- 九十一%的人說：「我比較沒有金錢的壓力了。」[5]

不是所有人都能像迪妮絲和派屈克一樣擁有和諧的婚姻生活。二〇一五年時，我和彼得與卡門聯絡，很快就發現他們的理財規畫和投資組合管理得一塌糊塗。由於再過五年就要退休了，他們急著想要讓財務步上正軌。

至少他們看起來是想步上正軌。

我們談了打造一致的理財計畫，以及咖啡館投資人型式的投資組合，可以讓他們在未來五年內專心存錢準備退休。這是卡門想要的——讓她步上正軌的儲蓄計畫。卡門很快就接受了「比盒子更聰明」的邏輯，但彼得卻不那麼確定。他似乎認為，由於他們很快就要退休，所以應該更專注於投資組合，尤其是在市場下跌的時候。

二〇一六年春季時，股市重挫一八％，彼得感到很痛苦。他和卡門只剩下四年就要退休了，但是股市狂瀉，所以他們必須趕快調整投資組合。至少彼得是這麼覺得的。

當我們討論到無可避免的市場修正時，卡門沒有說什麼，彼得則是一直討論經濟和其他事情。

然後，卡門聳一聳肩，簡短的說：「焦慮使我們的生活品質降低。」

伴侶間對於管理投資組合的方式不同所造成的財務困境，是婚姻最大的課題之一。能接受咖啡館投資人基本原則的伴侶，我已經見識到基本原則對他們的生活帶來有意義的影響。

你可能會以為，應該有更多伴侶會朝這個方向前進。然而，遺憾的是，年輕女性比年長女性更可能將家庭理財規畫的工作交給伴侶。

以下是依年齡區分，女性將理財規畫工作交給伴侶的比例：

- 二十～三十四歲的女性，五十九％會交給伴侶。
- 三十五～五十歲的女性，五十九％會交給伴侶。
- 五十一歲以上的女性，五十五％會交給伴侶。[6]

我們有能力改變女性和男性的理財態度。你們都比華爾街的專業人士聰明。眾多咖啡館投資人已經證明了，現在你們該接受這個邏輯了。

改變心態就能獲得自信

每當我想到改變態度，就會想起童年時在華盛頓州科爾頓市農村的日子。就像全美各地許多小型農業鄉鎮一樣，運動是社會網絡重要的一環。我有很多週五晚上打美式足球賽的美好回憶，而且一路走來，我們贏過很多次州冠軍。最後一次非常特別——是在被稱為西雅圖國王巨蛋（Seattle's Kingdome）老舊的水泥叢林裡進行的高中比賽。

科爾頓高中的男學生贏得多次州冠軍賽，女學生卻沒得過什麼獎。當時的心態是，女孩子不擅長體育活動。後來我們長大了，一些好朋友回到那個農業小鎮結婚生子，包括我弟弟也是。對，你猜對了，有很多人生下了女兒。

當女孩們年紀大到可以打籃球時，當地蓋了體育場並讓女孩們練習籃球，那些父母的心態就開始改變了。

這一點也不複雜。蓋體育館讓女孩們打籃球，女孩們玩籃球玩得很開心。女孩們長大後，她們會繼續打籃球，最後開始和鄰近小鎮的女孩舉辦籃球比賽，而且有時候也會贏。

小女孩的籃球比賽變成少女籃球賽，然後她們開始贏得高中比賽。二〇〇九年時，她們贏了州冠軍賽；隔年她們又贏了一次州冠軍賽。後來連續兩年都

5&6 UBS. (2019). Own Your Worth. Why women should take control of their wealth to achieve financial well-being. UBS Investor Watch – Global Insights: What's on Investors' Minds 1.

是。科爾頓高中的女子籃球隊後來在十年內，獲得九次州冠軍。對了，當她們不打籃球時，她們贏了六次壘球州冠軍。

這正是心態轉變的實證。

過去二十年來，「咖啡館投資人」一直在改變投資的心態，現在也不能放棄。如果有一天，每一個二十二歲的女性和男性都能做好投資規畫，追求財富與幸福的人生，那不是很棒嗎？

這是有可能的。接下來我們來更仔細的看一看該如何投資。

第 4 章

實現財務自由步驟二：投資

美國前總統小約翰・甘迺迪（John F. Kennedy）曾說：「真相的大敵往往不是刻意、人為和不正當的謊言，而是持續、有說服力而且不真實的迷思。」套用在股市投資，這個迷思就是：「大公司可以做大筆的投資。」這完全不是真的。

但還是有投資人想找到這種大公司。就算每個人好像都在追逐這個迷思，也不表示你必須跟著做。

我們就來看看這個迷思對你的投資組合的影響；還有更重要的是，對你人生的影響。

投資大公司常見的迷思

貝絲和馬克想要談點正事。他們準備展開新的事業旅程，是時候要讓財務步上正軌了。我們談話到最後，貝絲小聲的告訴我，因為她父親買賣股票的慘痛經驗，使得她對股市感到很焦慮。在她小時候，家裡晚餐時間的氣氛是由當天股市的波動而定。

我們花了幾分鐘回顧她的那些回憶，以及許多投資人持有股票的經歷。我們權衡了一輩子都在買賣股票的可怕經驗，以及買進所有股票然後抱一輩子的好處。她很聰明，我想她一定懂了，但是就情緒上來說，我覺得她還沒調整過來。我應該要告訴她我自己的故事，但我當時沒說。我真希望我當時有說。

「咖啡館投資人」背後的故事，其實是我小時候和父親在帕路斯（Palouse）的小麥田生活的故事。

我和許多小男孩一樣，想要親近自己的父親。我只想坐在他的腿上讓他問我：「還好嗎？你一定正在做些很棒的事，來聊聊你今天做的事吧。」

然而，我父親的問題在於，他做的事正好相反。我很早就發現，我唯一能親近他的方式就是由我來問他：「老爸，還好嗎？你一定正在做些很棒的事，來聊聊你今天做的事吧。」

我們之間的關係差不多就是這樣，直到後來我放棄和他溝通，然後展開自己的人生。

我不是唯一和父親溝通有困難的人。回顧過去，我真的很幸運，因為我還有母親，她總是會對她的八個孩子、二十個孫兒女說：「嘿，你好嗎？你一定正在做些很棒的事，來聊聊你今天做的事吧。」

我父親一直執著於把農場發展成惠特曼郡最大的農場，這件事對他來說很重要。他總是想成為最好的。雖然這麼想並沒有錯，但這必須對你自己和你所愛的人來說也是好事，才是健全的心態。

但對他來說並不是。

他和他的弟弟為了擴大農場規模而密切合作。他們持續努力去實現這個目標，直到他弟弟決定花更多的時間陪伴家人，而不是花這麼多時間設法讓農場成為最大、最好的。

我父親對這件事很有意見，所以兩人決定把農場業務分開，讓我父親自己去拚。結果，他們為了制訂新的土地劃分界線，對簿公堂長達二十年。

獨自擴展農場業務使我父親更執著從股市致富，他深深著迷於股票交易。現在我回想起來，他根本不是著迷，他就像貝絲的父親一樣被股市深深折磨著。為了讓他的孩子也對股市感興趣，他會買一間公司的一股股份，送給每一個孩子，這些公司包括克萊斯勒（Chrysler）、帝泰風（Dictaphone）、朗森（Ronson）、皮特森（Pittson）和波音（Boeing）……這些只是我記得的幾檔個股。

他試著用不同的角度來了解股市。他訂閱《華爾街日報》（*Wall Street Journal*）和《富比士》（*Forbes*）雜誌。他會仔細閱讀選股時事通訊和趨勢追蹤服務。當這些都沒用時，他會前往奧勒岡州波特蘭市和券商見面，對方自稱是西北地區最佳的選股專家。結果這位專家也沒用，我父親開除他，又找了斯波坎市（Spokane）的另一位選股專家，但這位專家也沒撐多久。接著，我父親找上一位大宗商品交易商，開始交易期貨，最終就是災難一場。

在這個過程中，我是他傾吐的對象。

後來當我開始從事證券業，我父親致力於協助和他教會附屬的天主教學校成立捐款基金。不意外的，他後來也成為投資委員會的主席。

他在這個過程中，決定將很大一部分的捐贈基金，用來投資西北部一間快速成長的公司，那就是微軟。隨著多年來這檔股票的升值，這家軟體公司幾乎支撐了侍奉天主所需的所有捐贈基金——至少我爸是這麼認為的。

我離開華爾街並開始撰寫自己的書後，他經常提醒我聖高爾學校捐款基金的驚人成長。

諷刺的是，《咖啡館投資人》出版後不久，微軟的股價開始長達十年的跌勢；雖然公司的盈餘持續飆升，但股價卻腰斬。

我父親不了解箇中原因。對他來說，市場效率讓他學到痛苦的教訓，這個教訓就是，**長期帶動股票價格的其實是投資人的情緒，不是公司真正的獲利**。

那段時間我也了解到，我父親不是想在股市創造最大的報酬。買賣股票對他來說是種嗜好，他的嗜好也運用在他的私生活上，用於管理聖高爾學校的捐款基金。

另一方面，在家庭財務上，農場的收入和社會福利金讓他和我母親在蛇河畔的生活無虞。他不需要在股市創造最大的報酬。

然而，對我的兄弟姊妹來說，他們不能單靠農場的收入來彌補社會福利金的不足，所以投資不該是個嗜好，而是他們生活上非常必需的事。

過去二十年來，很多「咖啡館投資人」讓我知道，不是只有貝絲的父親和我父親以股票交易為嗜好。

我不是在批評我父親對股市的著迷。我想讀者也會同意，我們現在的文化氛圍深受股市的吸引，而且現在很多免手續費，還能網路交易，情況只會更糟。然而，這不表示我們也該這麼做。

我承認，股市是個吸引人的地方，也是世界各地經濟體中重要的一環。我們很幸運，我們生活的世界能讓想像力發展成好的想法，我們的經濟體系允許我們成立公司，並將這些想法帶入資本主義的股票市場中。

雖然資本主義也會創造一些問題，但仍然是很不錯的制度，可以改善全世界人們的生活。我們將在第八章探討一些讓世界變得更好的方法。

股市讓私人公司把股票賣給投資大眾。這讓公司能在各種用途上取得資金，包括擴展公司的營運和未來的業務成長。

貝絲和我討論從我們的父親身上發現到的事，就是公司的獲利能力與上市股票的價格之間是有落差的。了解這兩者的差異最終引導我們建構投資組合，並讓我們可以不去管個股的波動，同時還能參與整體股市長期的成長。

首先，我們來談談「公司」。我很喜歡公司這個概念，即使是一人公司也沒關係，因為這表示有人要把他的想法介紹給世人。這反映的是人類堅持不懈的精神和創造力，推動這個世界向前邁進。舉例來說，我母親的夢想是養兒育女，而且她做得很好。當她最小的孩子也離家上大學後，她成立了一人公司，她開了一間兒童安親班，名叫「安妮奶奶安親班」。在我們這個農業小鎮很多父母都想送孩子去安妮奶奶的安親班，她的生意蒸蒸日上。

幾年前，我帶她出去吃晚餐，我們隔壁桌正坐著一家四口。當那位父親見到我們時，他特別過來我們這一桌，給了我的母親一個擁抱，然後稱讚她對他兒子的影響很大。我猜那位父親送孩子去安親班時，我母親也會擁抱那個孩子，並且問他：「你好嗎？你一定正在做些很棒的事，來聊一聊你今天做的事吧。」

有時候，公司會從一人公司成長為跨國企業，擁有數千名員工。我很喜歡看著這樣的宇宙能量展開，尤其是西北部的公司。

我早上醒來，綁好在諾斯壯百貨買的鞋子的鞋帶，在好市多買雜貨，去星巴克買咖啡，使用微軟的電腦和軟體。到了晚上，亞馬遜會把我訂購的包裹送到我家門口。如果我外出，我會搭乘阿拉斯加航空，而且那架飛機是由波音所製造（譯注：以上全都是總部位於華盛頓州的企業）。

過去二十年來的每一個工作天，我都會花五分鐘的時間，大致掃視一下《華爾街日報》和《紐約時報》的標題，我這麼做不是為了跟上股市，而是因為我想了解企業的情形。我想了解現在的變化，我想跟上生活的腳步。

舉例來說，我對專注於生產、處理和運送食物的公司很感興趣——食物就是人類基本的需求。也許是我內心深處的那個農夫作祟，所以我很喜歡看著公司滿足消費者的需求，包括自動化曳引機、更安全的化學產品、更好的食品加工廠、重新設計的超市、調理包、餐飲外送公司、速食餐廳所提供的新鮮沙拉、內用餐廳所提供的外帶服務……正是這些永遠在改變的事物，推動全世界的進步。

有一位「咖啡館投資人」朋友，在食品配送業工作了一輩子，不久前他預測十年後食品業只會剩下兩間公司，至於他預測的是哪兩間，就讓你們自己去猜吧。他的預測可能會實現，但你最好相信，仍有許多公司正努力不要讓這種事情發生。

公司的事說得夠多了，我們來談談股市吧。我們來談談星巴克，每個西雅圖人似乎或多或少都持有一些星巴克的股份。身為星巴克的股東，你有兩種方式可以賺錢：收股利，以及賣出持股取得獲利。

這就是有些投資人感到困惑的地方了。雖然星巴克公司能控制股利，卻無法控制自己的股價。

公司的股價是由股市裡的買方和賣方來決定的，也就是你和我，是我們決定了星巴克的股價該漲還是該跌。為了簡化討論的過程，我們假設你是買方，你預期星巴克將持續成長，在世界各地展店，而且你想要參與這個成長的過程。

好消息是，星巴克可能會在全世界繼續成長；壞消息是，不是只有你想要買進星巴克的股票來參與它的成長。有這樣想法的投資人成千上萬，已經把星巴克的股價推高了，所以大部分預期的未來成長，都已經反映在星巴克目前的股價上。

當你決定買進星巴克股票時，你不是在賭星巴克這間公司會繼續成長，你是在賭自己能比成千上萬已經權衡買賣星巴克股票的其他投資人更聰明。

這就是我父親在二〇〇〇～二〇〇九年從微軟的股票上學到的慘痛教訓。微軟確實是間了不起的公司，它是少數有能力因應變化的公司之一，所以股價也反映出這一點。[7]

我開始為《金恩郡日報》（*King County Journal*）撰寫「咖啡館投資人」專欄後幾年，有位年逾七旬的讀者聯絡我，想更深入了解咖啡館投資人的概念。

---

7 有關產業變化動態的完全資訊，請參閱李察・福斯特（Richard Foster）與莎拉・卡普蘭（Sarah Kaplan）的著作《創造性破壞》（*Creative Destruction*）。

這位讀者名叫瑪麗，她和已故的先生打造了一個不小的股票和債券投資組合，此外他們還持有商用不動產。他們打算把這些資產的一部分當成遺產，分送給三十四個孫子女們。瑪麗的溫暖令我想起母親溫暖的擁抱。瑪麗告訴我，她的樂趣之一就是買賣股票和關注股市。

在知道她的孫子女會領到她投資組合中的部分收益後，她想學習更多有關指數型基金的事，並與他們分享這個投資哲理。

最好一次買下所有公司的股票

向別人介紹如何透過指數型基金持有整個股市的邏輯，是一個有趣的練習。因為擁有所有公司，而不是選擇某幾間公司的智慧，對一些堅持採用自己的方法的投資人來說，是很難理解的事。

對某些人來說，要解釋清楚可能一個小時都還不夠；但對瑪麗來說，卻只需要三分鐘。

我在一張紙上畫了五檔個股，每一檔股票的價格是一美元。看起來像是圖

①。

在不知道這些股票未來二十年績效的情況下，我們假設有兩間公司的股價會漲到一百美元、兩間公司是二美元、一間公司維持在一美元。

然後，這張圖看起來像是圖②。

①

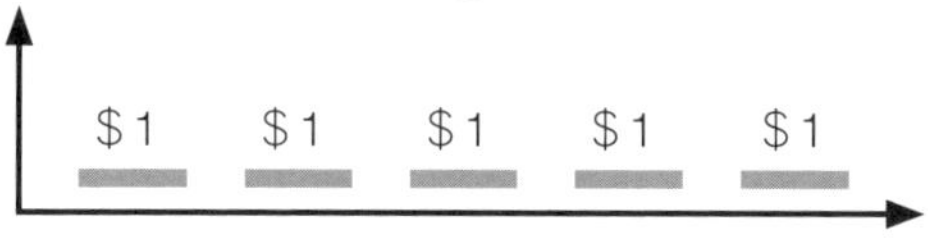

②

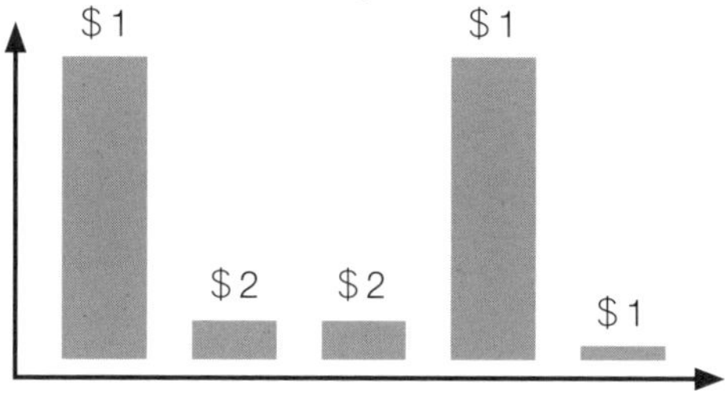

我問瑪麗，如果她現在有五千美元可以投資，她會怎麼配置這筆錢？

她向我微笑說：「我全都要。」

指數型基金的主要優勢是「低成本結構」。比較少人了解的是，它所投資的股票本身的動態，隨著時間推移，只有少數幾檔個股表現將會超越大盤，推升股市上漲。亞歷桑納州立大學（Arizona State University）教授漢德立克・貝森賓德（Hendrik Bessembinder）發表一份研究報告，標題是〈股票績效是否能超越美國公債？〉（Do Stocks Outperform T-Bills?）。研究發現：

- 自一九二六年以來，美國公開股票市場每一美元的財富，都是由大約四％的個股所創造的，甚至有一半的價值是由〇・三六％的個股所創造。
- 這表示九六％的個股加起來根本只有美國公債的報酬率，四％的個股績效超越公債，並且創造整體股市的財富。[8]

這段時間對你來說太長了嗎？德明信基金（Dimensional Fund Advisors）針對一九九四年一月到二〇一九年十二月內，全球股市績效最佳的個股進行了一項研究。在這項分析中，他們排除各區域累積報酬率前十名的個股。排除績效排名前十大的個股之後，累積報酬率就從六四〇%降到了二〇八%。[9]

雖然瑪麗仍喜歡買進個股，但我想她應該更喜歡和三十四個孫子女們分享指數型基金簡單的邏輯，並且向他們解釋，投資股票最佳的方法，就是終身擁有所有公司的股票。

後來瑪麗過世了。她留給三十四個孫子女們的遺產很豐厚，她讓孩子們專注於自己的創造力，而不是

	所有股票	排除前10%	前10%
累積報酬率	640%	208%	2288%
成長1美元	$7.40	$3.08	$23.88

8 Bessembinder, Hendrik. (2018). Do stocks outperform Treasury bills? Journal of Financial Economics 129 (3): 440–457

9 Dimensional Fund Advisors. (2020). Exhibit 1: Global stock market performance excluding top performers, 1994–2019

專心於股市。她讓孩子們感受到情緒的自由，可能才是她所留下最棒的禮物。

另一個更友善的投資工具

宇宙的能量邀請大家，將同樣的投資智慧分享給想要追求財富與幸福人生的人們。你所分享的對象，他的祖母可能不像瑪麗這麼有概念。

但他極有可能有一個像佛瑞德這樣的叔叔。

二〇一九年二月，我在度假。有天早上下樓到附近的咖啡館買咖啡，和一位剛退休不久的高中數學老師佛瑞德聊了起來。沒有多久，我們就開始聊到選股。他很快的就和我分享，除了教數學外，他對生活的熱情在於分析他的投資組合中的公司。他不諱言的告訴我，他能提早退休，有很大一部分的原因是他聰明的選到亞馬遜、蘋果和微軟的股票。

他接著告訴我，身為高中數學老師，他最了不起的成就之一，就是在高中課程開設了一門選股課。他相信，分析和選擇公司股票是一門必須教給所有高中生的重要能力，而且他也在當地一所社區大學開設類似的課程。

我決定坦白說出自己的想法，簡短說明「擁有所有公司」的概念。然而，他不願意聽，於是我們分道揚鑣，各自度假去了。

遺憾的是，這世上有太多像佛瑞德這樣的人。他們有自己的選股想法，而且很想告訴眾多的年輕投資人。高中和大學的選股課程非常多，上網搜尋一下就可以找到像這樣的課程說明：

- 本課程旨在教導高中學生投資與運用股市的價值。同時也教育學生有關經濟、數學和財務責任等重要的議題。
- 本課程旨在學習股市以及投資特定金額的虛擬資金於特定股票中。學生將研究投資結果，並買賣自己覺得適合的個股。
- 教師的職責在於引導學生，並提供學生查看股市趨勢的必要工具。教師也必須教導學生如何計算股票的獲利與虧損。

如果有人想要把個人理財當成人生必需的技能，並且設計教學課程，最好的開始就是先教他加法和減法——你知道的，就是管理銀行帳戶這個複雜的數學概念。至於課程中有關股市的部分，只要讓他們玩一下第三章中「比盒子更聰明」這個小遊戲就行了。

讓每一位學生想一想，他們踏出社會時的第一份薪水會是多少，用Excel試算表計算一下，把薪水的一五％存起來，計算四十年後以五％的複利累積下來會是多少。

選股的執著可不是只停留在高中教育的階段。隔一年，我聯絡上一所重點大學負責財務規畫課程的主任，詢問對方是否有學生適合來我們的財富管理公司工作。他向我承認，他很喜歡分析投資組合裡的公司，以及教導學生同樣的批判性分析。我只能猜想，這些學生在從事理財規畫這一行時，會花很多時間追蹤個股，而不是注意客戶最重要的理財規畫問題。

我們的文化對選股的執著根深蒂固。股票交易課程非常熱門，不論是在飯店的會議室，或是線上交易研討會都是。電視節目教選股的主持人大聲預測當日個股的買賣，對某些人來說充滿娛樂性，但這根本不是在打造適合持有一輩子的投資組合。

在電影《金錢本色》（*The Color of Money*）中，保羅・紐曼（Paul Newman）飾演的艾迪說：「贏來的錢比辛苦賺到的錢更令人加倍滿足。」

永遠都有投資人喜歡炒作股票，永遠都有投資人受到免交易手續費和開發酷炫 APP 的金融機構激勵，進而買賣股票。好的方面是，這些金融機構中有很多已打造出對投資人友善的投資工具，例如：目標日期基金，這讓想要打造有用投資組合的投資人得以運用。

大部分的目標日期基金內含廣泛的市場指數基金，其股票和債券之間的資產配置，以特定的「退休」日期為目標。當投資人愈來愈接近退休日，基金會自動再平衡股債配置比，以創造更保守的投資組合。

目標日期共同基金對你至少有三個好處：

1. 將投資組合報酬率最大化

正如約翰・柏格喜歡提到的概念，**你會「得到你應得」的股市報酬**。

2. 讓你專注於理財計畫

當你知道你會得到你應得的市場報酬，你就可以專注於理財計畫，包括釐清你現在存的錢是否可以支付退休後的開支。你的理財規畫是否有存款和提款稅務策略？你有沒有檢視過保險的內容、老年照護以及不動產規畫？請記住，如果你選擇的是目標日期基金，你還是必須知道它的股債資產配置比例，這樣基金才會反映出你實現理財目標所需承擔的短期風險。

3. 讓你好好過生活

「咖啡館投資人」不會把注意力放在股市，而是專注於追求財富和幸福的人生。

珍．古德說過：「**你所做的事都會產生影響。你必須決定你想帶來什麼樣的影響。**」

過去二十年來，像瑪麗一樣的「咖啡館投資人」造成許多影響，他們主動與其他人分享一個簡單的投資智慧。

你也可以影響別人。但首先，你要接受這些簡單的原則，然後就像約翰．柏格或是墨基爾那樣，帶著傳教一般的熱情，和別人分享這些原則。你不需要加入「咖啡館投資人」社群才能分享這些原則。你可以發揮創造力，把這些當成自己要傳遞的訊息一樣，想出一個屬於你的名稱，因為這是你要傳遞的訊息。有些人自稱為「柏格頭」（Boglehead），有些人則是參與ＦＩＲＥ運動。正如多產的作家，也是白金漢資產管理（Buckingham Asset Management）的研究主任賴瑞．斯韋德羅（Larry Swedroe）所說：「我們可以一次改變一個投資人，藉此改變這個世界。」

第 5 章

無視華爾街的陷阱

我超愛打高爾夫球。然而，隨著我年紀愈大，打得愈糟；但我能肯定一件事——我打得不好，不是因為桿子不好。

我喜愛這項運動，是因為我喜歡找到打好的方法，雖然我深知我永遠也找不到。這就是我不斷來回打十八洞，以及在練習場多花一個小時的原因。

有很多打高爾夫球的人會告訴我該如何揮桿，其中有一個小訣竅是我崇拜的高爾夫球選手史皮迪（Speedy）告訴我的。

雖然史皮迪是偉大的高爾夫球員，但這不是我崇拜他的原因。我崇拜史皮迪因為他是個偉大的人。他會花時間關心生活周遭的人，他關心社區，關心國家。

之前我們一起打高爾夫球時，打到一半，史皮迪就感覺到我的不順手（他擅長察覺明顯的事）。他暫停，然後用美國西南方拉長音的語氣對我說，別花那麼多時間盯著眼前的東西（就是球），多花點時間想像結果。

後來他寄了一本《自然的高爾夫揮桿》（*The Natural Golf Swing*）的書給我。這本書的作者是喬治．科納森（George Knutson），他是最偉大的球員，但你從沒聽說過他。

喬治・科納森打球時，彷彿球根本不在。他說過一個故事，是他閉著眼睛全力揮桿，打出六十七分的成績。他在書中是這麼說的：

在你心中有個清楚的目標，能幫助你堅持下去。這麼做能帶給你目的、方向和意圖。如果你根本還沒決定目的地，又該怎麼決定你要走哪一條路？你在心中將目的地設定得愈清楚，就愈容易抵達目標。

還好我知道他在說什麼，不然我會以為他是在評論「咖啡館投資人」的基本原則。

盯著你的投資目標

有時候我會想，喬治看待高爾夫的方式，是否和我看華爾街的方式一樣。打高爾夫的人並不介意你盯著眼前的東西，也就是那顆小白球。你愈專注於那顆小白球，而不是你的目標、方向和意圖，就愈認為新的高爾夫球桿組，比你現有的球桿組，能讓你把小白球打得更遠、更直。

華爾街就是這麼操作的。三十年前我就看過了，現在還是常常看到這種事。

在建立你的投資組合時，華爾街要你專注於面前的東西，而不是你的目的地。舉例來說，我最近審視一封華爾街大型銀行寄來的時事通訊，他們要你把注意力放在以下這些東西：

- COVID-19及其對經濟的衝擊。
- 政府支出和通貨膨脹。
- 中國對亞洲復甦的影響。
- 美國復甦的形態。

雖然我們已經重新定義過投資的基本原則，排除討論華爾街的議程，傾向選擇低成本指數型基金，但華爾街還是想影響我們的生活。

從現在開始，你要讓華爾街變得不重要。如果喬治・科納森閉著眼睛能打出六十七分的成績，你也可以過著彷彿華爾街不存在的生活。**你在追求財富和幸福的時候，重要的是基本原則，而不是華爾街。**

華爾街並非邪惡的帝國。銀行業在資金流動上扮演重要的角色，讓我們得以投資於人類共同的創新想法。但這不會改變一個重要事實：**對你的財富與幸福來說，重要的是你和基本原則，而不是華爾街。**

有時候，你必須堅持把重點放在自己身上，因為華爾街由一群很有說服力的人士組成。我經歷過慘痛的教訓，這件事是從名為泰迪・魯斯平這隻小熊開始的。

一九八六年時，這隻毛茸茸的小熊變成全世界銷售第一的玩具。泰迪熊是由奇妙世界（Worlds of Wonder）公司所生產的，股票代號剛好是發音為「哇」的WOW。當時，它是股市中成長最快速的公司。[10]

10 Cuff, Daniel F. (1988). Worlds of Wonder loses its chairman. New York Times (April 4), p. 58.

我不是在玩具店認識泰迪．魯斯平的，而是在西雅圖的美邦證券辦公室裡。我當時在被稱為「牛棚」的辦公室裡工作，當我正在打電話給陌生人推銷市政債券時，經理把我叫進他位於角落的大辦公室裡。他告訴我，美邦證券的店頭交易櫃檯收到好幾千股的WOW股票，我們必須把這些股票賣給散戶。

我不記得我分配到多少股，但經理說得很清楚，除非我把這些股票賣掉，否則不能回家。

我回到牛棚，開始一一打電話給市政債券的客戶，其中許多人一輩子都沒買過任何股票。我說：「嘿，我要告訴你一隻名叫泰迪．魯斯平的小熊。」這樣實在是很難賣，那天下午真的很漫長。

當時是華爾街的全盛時期，小公司、店頭交易證券的佣金是以股價來計算的，券商可以為客戶交易這些股票賺取大額的佣金。當時我並不知道幕後發生的事情，但現在回顧當時的情況，我想是WOW的一些創辦人想要出貨，我的客戶就是不知情的受害者。幾年後，WOW就宣告破產了。但是泰迪．魯斯平活了下來，現在仍在各零售玩具通路銷售。

指數型基金的崛起

當時，大部分的股票交易活動，都是在傳統股票交易所掛牌交易的藍籌股（績優股）公司。每天早上股市開盤前，美邦證券的股票分析師會更新他們手上追蹤的公司展望。這些股票分析師必須讓他們追蹤的股票，獲選進入聲譽卓著的全美研究機構投資人（All-American Research Institutional Investor）首選名單中，所以壓力相當大。有時候這樣的目標有一點可疑，因為券商根本不知道分析師的「買進」建議，是基於對股票基本面的展望，還是因為公司和美邦證券的投資銀行關係密切才會推薦。

當時，還有另一個辦法可以擁有股票：你可以把錢交給專業的選股人——也就是共同基金經理人。成為業界的佼佼者就是有這樣的好處。

共同基金公司富達（Fidelity）的彼得・林區（Peter Lynch），是主動式選股業界首屈一指的經理人。從一九七七到一九九〇年，他的麥哲倫基金（Magellan Fund）創造二九・二％的年化報酬率，比標普五〇〇指數的報酬率還要高出逾一倍。

彼得．林區的競爭對手約翰．奈夫（John Neff）管理的是先鋒的溫莎基金（Windsor fund），還有富蘭克林坦柏頓基金（Templeton Fund）的約翰．坦伯頓（John Templeton），以及其他知名的選股人。

有這麼多共同基金可選擇，誰才是建構你的投資組合最佳的選股人呢？當你在雜貨店排隊結帳，拿起最喜歡的理財雜誌來翻閱，就會知道了。十二月號總是最受歡迎的一本，因為會列出很多隔年可以選擇的頂尖基金。

不過，一定還有更好的辦法才對。

一九八四年，一位年輕的股票分析師名叫喬．蒙蘇托（Joe Mansueto）運用他的創造力，為投資人想出一個集合式共同基金資料，以利建立更好的投資組合。他把公司取名為晨星，並建立一個投資風格箱（style box）為共同基金分類，這個風格箱看起來就像下圖。

大型股成長型	大型股混合型	大型股價值型
中型股成長型	中型股混合型	小型股混合型
大型股價值型	中型股價值型	小型股價值型

晨星建立一個五星級的基金排行系統，很快的就成為所有人追求頂尖基金的新方法。基金經理人喜歡星星，因為五星排名表示他們可以對追求五星績效的投資人所投資的每一塊錢收取更多費用。

當時我是晨星的訂戶，他們的資料令我最喜歡的一點是，我收到他們寄來的資料，就可以下載到我的電腦 Excel 試算表上。這樣我就可以分析基金過去的績效，我的計算結果確認了共同基金公司依法必須揭露的事：**過去的績效對選擇頂尖共同基金根本沒有用**。

早在柏頓．墨基爾寫下《漫步華爾街》一書之前，早在約翰．柏格創辦先鋒集團之前，早在喬．蒙蘇托創辦晨星之前，就已經有人質疑用過去績效做為投資組合選股工具的方法了。

讓我們回到一九〇〇年，當時法國數學家路易．巴舍里耶（Louis Bachelier）在他的博士論文《投機理論》（*The Theory of Speculation*）中指出，**股價的波動是隨機的**。

讓我們回到一九三三年，當時《芝加哥論壇報》（*Chicago Tribune*）的繼承人亞佛瑞·科爾斯三世（Alfred Cowles III）在談到股市預測員時，是這麼說的：「最佳個人紀錄的統計測試，無法證明他們的選股能力卓越，**甚至指出他們擁有這樣的紀錄，可能只是運氣好而已。**」

我們再回到一九六〇年。當時年輕的經濟學家愛德華·藍蕭（Edward Renshaw）和一名工商管理碩士學生保羅·菲爾斯汀（Paul Feldstein）共同撰寫一篇報告，標題為〈支持無人管理的投資公司〉（The Case for an Unmanaged Investment Company），並提交給《金融分析師期刊》（*Financial Analysts Journal*）。

他們在論文的引言中說：

> 起初，因為投資人需要選擇和監督，創造出對投資公司的需求，導致現在投資公司如雨後春筍般大增。所以我們建議成立一個新的投資機構，稱之為「無人管理投資公司」。換句話說，這間公司致力於追蹤代表性的指數。

後來，他們在報告中加入這段評語：

雖然近年來已有人收集並分析大量投資公司的績效資訊，但卻沒有人認真去質疑投資公司政策的兩個基本原則，那就是：專業的建議和持續的監督，到底值不值得他們向投資人收取費用。

這篇論文發表後的幾個月，一位名叫約翰．阿姆斯壯（John Armstrong）的證券分析師，在同一份期刊發表一篇反駁藍蕭和菲爾斯汀的文章。阿姆斯壯的文章標題是〈支持共同基金管理〉（The Case for Mutual Fund Management），他提出強而有力的論點來支持專業選股人，並表示選擇他們才是投資股市比較好的方法。

阿姆斯壯的結論寫道：

很明顯，即使是對昨天的數字做最一絲不苟的分析，也無法預測明天會有的結果——不論是選擇共同基金或個股投資，或是預測股市的走勢，當然也無法預測與人為因素有關的任何事件。但是《金融分析師期刊》以及共同基金的股東可以比較放寬心，因為共同基金大致上都經過時間考驗，而且績效都與他們所說明的政策和目標一致。

約翰・阿姆斯壯其實是先鋒集團創辦人約翰・柏格的筆名，當時他是共同基金公司威靈頓管理公司（Wellington Management Company）的明日之星。

接下來的十年，無人管理投資公司的概念持續深入華爾街和學術界，並由芝加哥大學（University of Chicago）一群自由市場經濟學家所主導。

利用現在更好的運算能力，研究員可以量化原本以理論為主的概念；專業選股人愈來愈難維持一致超越大盤的績效。這個觀察後來被稱為「效率市場假說」，我們已經在第四章談過這個概念。由投資人衡量公司的未來而進行無數次的交易，一整天下來使股價不斷的重新調整。結果是什麼？公司的未來已經很大程度上（而且有效率的）反映在股價上了。

儘管投資人愈來愈專注於效率市場，一九六〇年代仍被市場學究標記為「狂飆」的年代，專業選股人仍掌控華爾街。在大眾看不到的幕後，有些人開始將「指數型基金」的投資概念推薦給機構投資人，以推行無人管理投資公司這個效率市場概念。

一九六九年，美隆銀行信託（Mellon National Bank & Trust）的經理人威廉・傅斯（William Fouse）試圖說服銀行的信託部門，為銀行的機構客戶創造一個指數信託。美隆銀行選擇不這麼做，結果傅斯先生轉而投效富國銀行（Wells Fargo Bank）。他和新同事，包括負責主導技術性工作的麥克・麥昆恩（Mac McQuown）成立第一個商業化的指數型投資當作新秀麗（Samsonite Luggage）公司的退休基金。

當指數型基金的概念持續展開並以機構投資人為主要客戶時，像你我一樣的散戶投資人卻無法投資。

一九七三年，柏頓・墨基爾撰寫《漫步華爾街》，將效率市場的概念介紹給散戶投資人。他的書激勵先鋒的約翰・柏格，在一九七六年創造第一個給散戶投資人的指數型基金。

先鋒的指數型基金在華爾街遭受全面性的批評，但幾年後，開始漸漸吸引投資人的注意。

一九八一年，當先鋒的標普五〇〇指數型基金還在成長時，有兩位芝加哥大學畢業生瑞克斯．辛克菲爾（Rex Sinquefield）和大衛．布斯（David Booth）成立一間公司，名為德明信基金顧問（Dimensional Fund Advisors, DFA）。他們深知研究結果顯示，當投資組合分散在不同的普通股，不集中於大型股，長期下來占有優勢，他們因而打造一檔以小型股為主的指數型基金。

同樣也是芝加哥大學的羅夫．班茲（Rolf Banz）發現，小型股創造的報酬比大型股還要多。他說，會有這樣的異常情況是因為小型股的風險較高，因此投資人會要求更高的報酬。

這時，華爾街和學術界開始變得有意思了。

效率市場理論學者認為，投資人無法一致的打敗大盤，但如果你手上持有風險較高的股票，就能打敗市場。換句話說，你無法打敗大盤，但卻又能打敗市場。

我說得對嗎？

不知不覺間，華爾街就這麼被瓦解了。這些年來，市場從追求頂尖選股人變成追求頂尖指數型基金。我稍早曾經說過，雖然我們用低成本指數型基金做為投資組合的基本元素，已經重新定義了投資的基本原則，但是這並沒有改變華爾街的執著，華爾街仍想要影響我們的生活。

一九九二年五月三十日，標準普爾公司建立兩個新的指數以追蹤價值股與成長股；到了一九九二年十一月二日，先鋒就成立相對應的價值型指數型基金和成長型指數型基金。

優化你的多元投資組合

也是在一九九二這一年，芝加哥大學兩位教授尤金・法瑪（Eugene Fama）和肯恩・法蘭奇（Ken French，現任教達特茅斯學院）發表報告，標題為〈股市預期報酬的剖面圖〉（The Cross-Section of Expected Stock Returns）。他們的研究發現，投資組合的報酬會受到三個因素影響，也就是所謂的三因素模型：

- 投資組合中的普通股總數。
- 投資組合中的小型股數。
- 投資組合中的價值股數。

基於這份研究，德明信基金為了有意獲得預期超額報酬的投資人，於一九九二年成立價值基金和小型價值基金。

這時情況變得更複雜了。華爾街和學術界並非所有人都同意法瑪和法蘭奇的研究；有些人則是認為，小型股和價值型股的預期超額報酬不是風險因子，而是行為因子（編按：表示影響決策過程並導致人們行動的任何因素）。相較於有華爾街選股分析師背書的、成長較快大型股，小型股和價值型股的股價都偏低而且被忽略。

這是風險因子還是行為因子？這是否重要，以及你是否該將這些因子納入投資組合中？

我讓你自己決定吧。

一九八三年，我搬到華盛頓西雅圖，我住在西雅圖市區北部一個很有趣的小社區，叫做安皇后。離我住的公寓幾條街外的地方，有一間不太乾淨的小雜貨店，裡面賣一些基本的生活必需品——你知道的，就是星期六晚上需要的六罐裝啤酒或一桶冰淇淋。濃湯罐上布滿灰塵，收銀員不太愛理我，因為他忙著看黑白電視。

我搬到安皇后區十年後，開發商進駐，把那間骯髒雜貨店幾條街外的一個街區鏟平，並建造一間時髦的新雜貨店，我們就先稱之為麥克雜貨店。那間雜貨店是西雅圖最酷的雜貨店，有點像全食超市（Whole Foods）的前身。

骯髒小店和麥克雜貨店都不是上市公司，但是我們姑且假設這兩間店都上市交易了。我們在決定該買哪一檔股票時，尤其是在聽說麥克雜貨店超級成功而且預計在西雅圖各地開設分店時，你會想買哪一間雜貨店的股票？

不管是買骯髒小店還是麥克雜貨店的股票，只要賺到一塊錢就是一塊錢。但是，人類是有情緒的動物，我們比較喜歡超酷、預計開很多分店的雜貨店，尤其是跟街上的小雜貨店相比更是如此。除此之外，還有很多華爾街的分析師很喜歡麥克雜貨店，而且一直向我們推薦，要我們買進這間成長快速的公司。

那些說價值股與小型股的預期超額報酬是行為因子的人會告訴你，投資人已經把麥克雜貨店的股價推升到超過未來成長潛力的程度了。

那些說預期超額報酬是風險因子的人會告訴你，骯髒小店比麥克雜貨店的風險更高，因此投資人會合理要求更高的報酬。

現在你可能會說：「嘿，等一下！如果我擁有的是指數型基金，不就是同時擁有骯髒小店和麥克雜貨店嗎？」

可以這麼說，但是對傳統的市值加權指數來說就不是了。如果麥克雜貨店的市值是二百美元，骯髒小店的市值是二美元，你的投資組合中麥克雜貨店就是骯髒小店的一百倍。所以你乾脆直接買麥克雜貨店就好了。

有些人會說，根據市值擁有整個股市，是擁有普通股最簡單也最聰明的辦法；另外有些人會說，你投資骯髒小店的股數應該要比整體指數還要多，不只是因為骯髒小店預期增加的報酬，也因為可能長期下來，骯髒小店的績效會超越麥克雜貨店。

不是會一直超越，**而是「有的」時候會超越**。

在我的第一本書中我提過，買進總指數基金是投資股市的聰明辦法。如果你想更進一步分散投資策略，就投資價值型指數基金和小型股指數基金。我是這麼寫的：

> **請記住，如果你選擇在投資組合中加入價值型和小型價值型以及不動產投資信託指數基金，只是在把本來就很好的東西稍微調整一下而已。這麼做，就只是把我們談到的多元分散進一步優化而已。**

在我開始每週寫「咖啡館投資人」專欄的最初十年，大家都說小型和價值型因子（編按：指找到一些投資能獲取「超額報酬」的因子）的績效表現很好，比大盤的報酬率還要高。價值型因子投資的支持者（他們都很樂於說出自己的觀點）因此宣稱：「嘿，這些因子很棒！」

之後，小型和價值型因子的績效落後於大盤，而反因子的投資人（他們也很樂於說出自己的觀點）會宣稱：「嘿，你看這些因子不怎麼樣嘛！」

不論你是不是因子投資的支持者，因子投資不會就此消失。現在出現更多新的因子，比如動能因子（編按：指表現優異的股票會繼續表現良好，因為投資人愛追高）和獲利能力因子，多到我都記不清楚了。

而且，我寧可研究高爾夫，也不要研究因子。

在價值和小型價值指數型基金出現後不久，出現一種新型的投資，名為指數股票型基金（exchange-traded fund, ETF），它永遠改變了共同基金產業。

第一檔ＥＴＦ於一九九三年成立，名叫蜘蛛（Spider），代號ＳＰＹ，它追蹤標普五〇〇指數。

買賣共同基金的傳統方式，是在交易日結束時買賣；ＳＰＹ則讓投資人一整天都可以用當時的價格買進標普五〇〇指數。接下來的十年，國際ＥＴＦ、小型股ＥＴＦ、價值型ＥＴＦ和因子型ＥＴＦ開始在交易所交易。後來，又出現各種類型的ＥＴＦ，包括債券型ＥＴＦ、永續型ＥＴＦ和大宗商品ＥＴＦ……以上還只是其中的幾種而已。

把指數型基金這個簡單的概念交給華爾街，它就會把這概念完全翻轉。**現**

在的投資人不是選股以打敗大盤，投資人是選擇ＥＴＦ以打敗大盤。

德明信基金和先鋒一直都是在指數型基金市場中提供「因子」策略的先驅。幾乎所有大型華爾街機構，現在都開始以ＥＴＦ的形式提供一些指數型基金，內容包含各式各樣的因子。華爾街是一群很有說服力的人，他們說，他們的因子可以把小白球打得更遠、方向更直。

差不多是這類的話。

打造投資組合最重要的事

在尋找比較適合你的方法時，不論是總指數或是納入其他因子的投資組合，我要先和你分享一個小祕密：我的泳技就像打高爾夫球一樣差勁。

在我的家鄉帕洛斯，我家的農場俯瞰壯麗的蛇河。我小的時候，在美國陸軍工兵部隊建造的下花崗壩（Lower Granite Dam）前，蛇河是一條流速頗快的河，對學游泳來說沒什麼幫助，但這並沒有阻礙我們兄弟姊妹學游泳。

有一年，一場暴風雨吹倒我們家的穀倉筒，哥哥和我把穀倉筒一圈一圈的拆開，然後把其中一個金屬圈埋到土裡，注滿水，就變成了我們的游泳池。

但我的泳技還是不好。

二〇一六年的春季，我到佛羅里達州探望一位好友史帝夫，他帶我去海釣。我們在開闊的海上找魚，不知不覺中，有四條魚同時上鉤並且奮力抵抗，然後就亂成一團。在收線時，我的手心流著汗，我心想：「糟糕，我根本不會游泳。」但我玩得很開心。對一個曾在三千英里外用拆掉的穀倉筒學游泳的孩子來說，那是一段很棒的回憶。

在我回到西雅圖前，我繞到佛羅里達南部去找另一位朋友泰勒・雷利瑞摩（Taylor Larimore）。泰勒是個了不起的人，他打過突出部戰役（Battle of the Bulge），後來他和梅爾・林道爾（Mel Lindauer）一起成立以約翰・柏格的理論為主的線上論壇「柏格頭」。泰勒會在「柏格頭」撰文，他在論壇和別人交換的心得，與論壇裡其他想法相近的投資人所交換的心得類似，他們都幫助成千上萬的人真心接納簡單的人生基本原則。

某天星期六，泰勒邀請我搭他的釣魚船前往比斯坎灣（Biscayne Bay）。我熱愛這段旅程的每一分一秒，但是泰勒看得出來，很明顯的——我根本不會游泳。看他控制那艘帆船穿越美麗的比斯坎灣，同時還要照顧我，我永遠也不會忘記這件事。

在柏格頭論壇上，泰勒・雷利瑞摩熱心的推廣擁有整個股市的三個基金投資組合的概念，他也在很棒的著作《鄉民的提早退休計畫〔實踐版〕》（*The Boglehead's Guide to the Three-Fund Portfolio*）中強調這一點。他的投資組合沒有使用因子投資。他認同簡單的智慧，而且與其他人分享這個智慧。

我則喜歡在整體股市投資組合之外，再加上價值型指數基金和小型股指數基金。我承認有些時候，市場的一些領域績效會落後其他領域，所以就算無法讓報酬長期避險，我也傾向讓短期的情緒獲得舒緩。如果又出現一次像一九九九～二〇〇八年間那種基金績效衰退十年的狀況，我不知道我能不能繼續持有整體市場基金。

那個難忘的早晨我們揚帆出去，完全沒有討論我們各自方法的細微差異，因為不重要。我們有更重要的事要談，例如：家庭、事業、人生，以及重新定義投資的旅程。

如果你能接納一個主要的概念，那就是低成本、低周轉率基金，而且具備市場效率與稅務效率，你如何打造投資組合就不重要。不論你用的是德明信、先鋒、嘉信（Charles Schwab）、摩根大通（J.P. Morgan）、高盛（Goldman Sachs）、富達、Avantis或是資本集團（Capital Group）的基金，這些都不重要。

重要的是，堅持自己的路線。尤其是當你接受的投資組合所採用的策略當時似乎不太有用，更是要堅持下去。

就像約翰·柏格說的，「堅持路線」的主要優勢在於，你可以將投資組合中的每一個籃子，也就是每一個資產類別的報酬增至最大。更棒的優勢則是，這能讓你獲得情緒上的自由。不要去聽華爾街要說什麼，專注於你的理財規畫。

這就是我接下來要說的。

那是在我從高爾夫球練習場回來之後的事。

第 6 章

實現財務自由步驟三：規畫

打造一個理財規畫，幫助你度過二十五年沒有工作的退休生活，就像穿過厚重的雲層，把飛機穩穩的降落在地面。其中祕訣在於調整你的動力設定，一路下來慢慢調整。

這是我的飛行指導教練告訴我的。而且，我也要這麼告訴你。

開飛機教我的投資智慧

我的第一個飛行指導教練是妮可，最初的三堂課她都用來解說動力設定。「比爾，你必須調整動力設定，一路下來慢慢調整。」

一年後，娜塔莉也說了一樣的話。「首先，我們來想一想你的動力設定，然後做小幅修正——在下滑道時必須維持穩定。」

馬克對我說：「比爾，首先你得設定動力設定。這樣小幅調整回到軌道時會比較容易。」

大衛比較堅定一點：「如果你先調整動力設定，讓自己做小幅度的調整並且維持穩定，這樣開飛機會容易得多。」

穿越艾略特灣（Elliott Bay）上方的海洋雲層，在八百英尺高空處下降，看到西雅圖的波音機場跑道，是這世上最棒的感覺之一。至少對我來說是這樣。

我和很多「咖啡館投資人」談過，當看到他們的理財規畫步上軌道時，也都有相同的滿足感。

談到投資，調整動力設定就是：

- 你今天的儲蓄。
- 你的預期退休支出。
- 預期支出增加，也就是你的個人通膨率。
- 預期投資組合成長率。

……然後一路下來慢慢調整。

我們就來看看這些動力設定、這些設定對你的理財規畫的影響，以及一路上做小幅調整的重要性。

正如我要靠好幾位不同的飛行指導教練，才終於取得儀器飛行等級檢定

（instrument flight rating）一樣，你可能也會嘗試好幾個不同的退休計算機，然後才會找到一個適合你的方式。我看過適當的一頁理財規畫，也看過不適當的四十頁理財規畫，太過複雜了，你根本找不到動力設定。

不論你用的是哪一個退休計算機，你都需要了解動力設定的影響，以及你的計算機中動力設定的位置，然後調整你的動力設定。

在打造理財規畫時，你的主要目標是步上正軌，並且維持在正軌上。你現在存的錢加上社會安全福利金和其他收入，是否足以支付你的退休支出？我們就來看看，每一個動力設定如何影響你的理財規畫。

調整你的動力設定，意思是該開始追蹤你的儲蓄和支出了，就像我們在第二章討論過的那樣，其實很簡單，真的。你退休後每個月的支出，將決定你現在需要存多少錢。扣除任何重大的花費，例如：房貸和醫療支出，你現在花的錢有助於預測退休時將需要多少錢。

也許你才剛大學畢業，現在正要開始儲蓄，並不知道退休後每個月燒錢的速率。那也沒關係。現在開始存一〇％、二〇％，或是不管你能存多少都行，然後猜一猜你每個月的退休花費會是多少。把你的儲蓄和預期支出輸入規畫計算機中，然後逐步做小幅度調整。

隔年也做一樣的事。把你的儲蓄和預期的退休支出輸入規畫計算機，然後沿路做小幅度的調整，以步入正軌並且維持在正軌上。

隔年也要做一樣的事。把你的儲蓄和預期的退休支出輸入規畫計算機，然後一路上做小幅度的調整。

你看出模式了嗎？

也許是隔年，也許是十年後，也許是退休前十年，也許是退休時。如果你每年檢視一次飛行計畫並調整動力設定，退休時，你的預期退休計畫將會符合現實情況。

一路做小幅度的調整，這樣幫助你步上正軌和維持在正軌上的概念，就和在多雲的天空開飛機下降時要維持穩定滑行路徑一樣。

如果你從來就沒在正軌上，或者如果你步上正軌後開始偏移，你卻沒有小幅調整回到正軌上，而且你身在厚重的雲層裡，就會發生很多壞事。

至少飛行學校的老師都是這麼跟我說的。

逐步調整你的動力設定

接著，我們來看看你財務規畫的動力設定——你的投資組合預期成長率。在你的退休計算機中的某個地方，一定會要求你：①預設軟體的目前報酬率；②靠軟體的蒙地卡羅模擬報酬變數；或是③輸入你自己的報酬率。

如果你將報酬率輸入理財規畫軟體中，請記住，數字愈高，達成目標的機會就愈低，未來理財規畫愈需要做較大幅度的調整。

如果你在退休規畫中使用軟體預設的成長率，這個數字並不會顯示在四十頁的理財規畫文件裡。如果要對你的理財規畫維持正軌保持信心，就必須清楚知道軟體中預設的成長率。

舉例來說，十年前馬克打電話給我，他想要比較一下我們一起打造的理財規畫方案，以及他用線上計算機為自己打造的理財規畫方案。馬克當時五十歲，想要儘早退休，但是不希望以後發生什麼壞事，例如，必須大幅減少支出以彌補有瑕疵的飛行計畫。

我們一起打造的理財規畫顯示，他可以在六十二歲退休。線上計算機則顯示他可以在五十五歲時退休，他想知道為什麼會有這樣的差別。

在調查了他使用的線上計算機，找出投資組合成長率的計算公式後，我們都覺得很好笑——成長率被深埋在長達四十頁的文件中。我們終於找到，線上計算機使用股票和債券的歷史報酬率來計算，結果算出的成長率是我們原本推算的四％成長率的兩倍。

馬克的推算可以是七％或是四％的成長率。如果他的理財規畫預期不符合實際的情況，他只需要一路上對動力設定做較大幅度的調整，就仍然可以維持在正軌上。

有些理財規畫和許多理財規畫師會採用蒙地卡羅分析，以利模擬投資組合的各種結果。這種分析並沒有什麼錯，但蒙地卡羅工具也沒有什麼特別的。

在看過蒙地卡羅分析產生的許多輸出結果後，如果你得到的結論是，華爾街和學術界試圖把你的退休規畫變得更複雜，其實並不是只有你這麼覺得。

蒙地卡羅模擬會產生理財規畫成功的可能性，也就是你的投資組合能否持續你的一生。蒙地卡羅模擬要你執行的飛行計畫，和不使用蒙地卡羅模擬的人所採用的飛行計畫其實是一樣的……

調整你的動力設定，然後一路上做小幅度的調整。

我們來看看，「一路上做小幅度調整」這個概念，和你的投資組合期望報酬的關係。

如果你預估普通股創造七％的年化報酬（名目），而且未來十年內投資級公司債報酬率為二％，[11] 視你的股債配置而定，預估的成長率為三％、四％或五％，就是你的理財規畫的合理輸入值。

你預估時使用的是三％、四％或五％，並沒有那麼重要，視你的人生和股市與債市所發生的事而定，來小幅調整你的投資組合，這比較重要。

你的理財規畫的通膨動力設定也一樣。使用計算機根據消費者物價指數（CPI）所產生的預設通膨率雖然很方便，但重要的是你個人的通膨率，而不是CPI。換句話說，你每年的花費會增加多少？唯一能知道的方法，就是持續追蹤你的支出——這也是財富與幸福人生的簡單概念。

你的退休支出可能是每月八千美元，每年以一％的速度成長二十年；此外，最近退休的鄰居每年支出的成長率是三％。這個變化對你的投資組合持續性會有非常大的影響。

過去二十年來，從我和咖啡館投資人的合作經驗，我發現個人通膨率的效用。調整這個動力設定等於是知道自己運用資金的方式，而這能帶給你財務上的和諧。

我在正軌上嗎？輸入你的動力設定，並且一路做小幅度的調整。

輸入動力設定後，你就可以開始著手理財規畫重要的部分了——股債配置。我在一九八三年開始在美邦證券工作，AA級市政債券殖利率九％，三個

11 《先鋒市場展望》（二〇二〇年六月）表示，對於美國股票，預計未來十年的年化報酬率為五．五～七．五％；全球股票（除美國外）為八．五～一〇．五％，美國信用債券為一．八～二．八％。

月定存單利率則為一五%，而過去五年的通膨率為八·五%。

現在一年期定存單殖利率為一%。如果你打算所有投資組合只投資在一%的定存單，那麼你的理財規畫就會充滿挑戰。你選擇的股債配置對投資組合的持續性很重要。對你而言，正確的股債配置比應該是什麼？

首先，投資組合中未來十年可能需要用的錢，不要放進股市，而是放在波動較小的地方，例如：定存單或債券？這樣一來，你可能不會因為一時需要錢，而賤賣出手上持有的普通股。這樣你就能在多頭時定期賣出股票獲利，將投資組合再平衡。

你是否要將五年或是十五年的支出，放在股市以外的地方，要視你的情緒以及財務狀況有沒有能力撐過熊市而定。

賠錢賣普通股以支付生活開銷，將大大降低你的投資組合的持續性，這個概念稱為「報酬順序風險」（sequence of returns risk）。目前的債券殖利率非常低，報酬順序風險太高，所以為你的飛行計畫打造聰明的資產配置很重要，尤其是在你剛退休，沒有收入的頭幾年來說更是如此。

接著，我們來談談每個人最喜歡的問題：你覺得四％的原則如何？

當你開始從投資組合中提領現金，支付退休花費時，提款速率要多高，才讓你不至於把錢花完？在華爾街和學術界，這個問題是永遠爭不停的辯論。

顯然有人想出一個主意。如果你退休的提款速率是四％，就永遠不怕錢會花完——但四％的原則卻忽略了你所有的動力設定。安全提款速率四％的說法，好像人生永遠不會發生變化。好像對我說，等我進入波音機場的下滑道時，就不需要一路視情況做任何調整。

壞事會發生。至少我在飛行學校時他們是這麼說的。

現在華爾街和學術界說，安全的提款速率是二％或三％，或可能應該維持四％——這個辯論很諷刺，因為這根本不重要。輸入你的動力設定，根據你的理財規畫找出一個對你來說合理的提款金額；然後，一路視情況做小幅度的調整。有些人想要一輩子維持投資組合的本金，大部分人一輩子需要提出至少一部分的本金。每個人的情況都不同。輸入你的動力設定，然後視情況小幅調整。

問自己，**我在正軌上嗎？**

穩定下降到正軌

十九年前，一對夫妻聯絡我。當年，約翰和凱莉約五十多歲，他們在當地的報紙上讀到我的專欄。他們堅持投資股市，但只是因為他們來往的券商堅持投資於股市。他們後來因為一個迫在眉睫的問題找上我。

我們是否在正軌上，能不能在十年後退休？

約翰和凱莉已經做得很好了，他們已經調整好自己的儲蓄和支出。他們知道自己的花費以及儲蓄的金額。他們想要在十年後退休，而且退休後的生活方式要和現在差不多。

這聽起來很熟悉。

他們和大部分「咖啡館投資人」一樣，沒花多少時間就了解指數型基金投資組合的智慧。即使如此，我還是提醒約翰和凱莉，儘管他們可能不再那麼認真追蹤股市的漲跌，但他們投資組合有一部分仍會投資於股市，而且他們一生還會經歷許多次空頭市場。

股市就是這樣。前進兩步，後退一步。

把股市前進兩步、後退一步當成理論來說很簡單。但是在實際生活中，前進兩步可能要花兩年或是需要二十年；退後一步所花的時間只有三年多或不到三年。

當新技術刺激新想法、帶動新產業時，每個人都想談股市，企業盈餘增加，就業下滑，股市每年創造一〇%、甚至三〇%的報酬率。

就算我們的理財規畫已經設想過空頭市場的發生，但我們其實並沒有那麼容易接受，空頭市場無可避免的就是會來臨。

股市會後退一步。

過去四十年來，我經歷過非常多次空頭市場，當理財規畫中的「退可守」變成現實情況後，我們會面臨完全不同的情緒反應。

會再次發生嗎？

一九八七年股市崩盤時我們想，會再次發生嗎？

網路泡沫破滅以及九一一恐攻時我們想，會再次發生嗎？
二〇〇八年金融危機時我們想，會再次發生嗎？
二〇二〇年COVID-19全球大流行時我們想，會再次發生嗎？
只要我們投資於普通股，就一定忍不住想：會再次發生嗎？不論會不會發生，只要一發生，股市終究會站上新的高點，因為股市反應了全世界人類堅持不懈的生產力。如果沒有發生，全球的生產力就會戛然而止，你定存的錢就不值得聯邦存款保險所保障的金額了。

我不是在說你應該盲目的配置投資組合到普通股。我知道很多「咖啡館投資人」的投資組合完全都是定存單或債券，因為他們打造的是適合他們的理財規畫。

當你選擇了適合你的資產配置，就該開始專注於理財規畫的其他部分了。例如：

- 你的緊急備用基金。
- 不動產規畫。

- 羅斯帳戶轉換（編按：指將傳統個人退休帳戶（IRA）或401(k)計畫中的資金轉換為羅斯帳戶）。
- 資產位置。
- 資產配置。
- 保險規畫。
- 退休規畫。
- 節稅存款策略。
- 節稅提款策略。
- 房貸支出。
- 醫療支出規畫。
- 教育基金。
- 稅務規畫。
- 慈善捐款規畫。
- 老年規畫。

- 社會安全分析。
- 即期年金分析。
- 以房養老。

約翰和凱莉一生的理財規畫事項中，以上只是其中幾項必須處理的問題而已。我想你一生中也必須處理其中幾項。

約翰和凱莉在二〇〇一年底前打造一個理財規畫方案。當時，普通股的空頭市場持續到了二〇〇二年，我打電話問他們的情況。他們回答我：「嘿，比爾，我們未來十年都不會從投資組合中提款，所以我們不擔心股市下跌。」

約翰和凱莉每年都會更新他們的理財規畫方案，以納入最新的動力設定，一路上會進行小幅調整。

二〇〇九年初，他們離退休更近了，股市還是在下跌，我又打電話問他們的情況。他們回答我：「嘿，比爾，我們未來十年的支出都沒有投入股市，所以我們不擔心下跌。」

約翰和凱莉每年持續根據動力設定，更新他們的理財規畫，一路上做小幅度的調整，以反映他們的生活和市場的變化。

二〇二〇年初時，股市下跌三三%，我打電話問他們的情況，你知道他們怎麼說嗎？

「嘿，比爾，我們未來十年的支出都沒有投入股市，所以我們不太擔心股市下跌。」

我們談到股市未來三個月可能會再跌三成，而且會維持在低檔三年，就像二〇〇〇年初那樣。他們的反應也是一樣。

雖然他們有健全的普通股配置，但約翰和凱莉過著彷彿股市根本不存在的生活。他們知道，空頭市場是人生的一部分。他們了解普通股會遇到空頭市場，這就是資本市場運作的一部分。

在你一生的投資歷程中，很可能每六到八年就會遭遇一次空頭市場。你能撐過空頭市場，是因為你的理財規畫中已經為空頭做好規畫了。

然而，如果你的情緒上和財務上沒有為下一次的空頭做好準備，你就可能會專注於股市以及投資組合的績效，因為華爾街和其他人似乎都是這樣子的。專注於股市的危險之一，就是你開始專注於你無法控制的事情，而不是所有你能控制的事情。

專注於一件事，尤其是你無法控制的事，會讓你身陷麻煩。至少飛行學校的人是這麼告訴我的。

每一位飛行教練都在我的腦海中深深植入一個觀念：只專注於一個工具很危險；尤其是在雲層中降到下滑道的時候。壞事會發生。

你要眼觀四方：空速表、姿態儀、垂直速度表、下滑台、定位器、俯仰、動力、配平片、空速表、姿態儀、垂直速度表、下滑台、定位器、俯仰、動力、配平片……

在飛機下降時，要一直反覆注意這些。

打造理財規畫時，步上正軌和維持在正軌上，對你的姿態儀會有很正面的影響。至少我知道這對我的影響很大。財務「在正軌上」的感覺，會影響到人生的所有領域，就像是維持穩定下降至波音機場。

小時候在農場，我完全不知道下滑台和姿態儀。我哥哥和我用二乘四的木板造了一架飛機。現在不論從我頭上飛過的是獎狀系列（Citation）或賽席納（Cessna）兩人座飛機，我都會抬起頭來驚嘆飛行這件事。

我們自己做了橡皮筋動力飛機，後來開始製作汽油動力的考克斯（Cox）引擎模型飛機。在我哥哥十七歲時，我們在放農具的地方打造了超輕型飛機。如果你想知道結果如何，請去看我的第一本書。

幾年後，我搬去伊利諾州，在芝加哥商品交易所（Chicago Board of Trade）工作。我星期六早上都會躺在芝加哥歐海爾機場，看著超大型客機在我頭上起降。

我哥哥在航空公司工作，我則是選擇在金融服務業工作。以前我偶爾會希望當初跟隨哥哥的腳步，但現在我完全不這麼想了。我是世界上最幸運的人，因為我可以同時研究理財規畫和飛行計畫。

六年前，我報名參加波音機場的飛行入門課程，就在西雅圖市區南方。飛行員帶我在普吉特峽灣上飛了一趟，然後讓我自己駕駛飛機。回到波音機場時，我在五號州際公路上向右傾，降落在短跑道上，空中交管人員警告我們：**「注意，尾流擾動，波音七六七在平行跑道上重落地。」**西雅圖塔科馬國際機場有一架商務客機正在我們頭上起飛。我的手心冒汗，但我超愛這種感覺。

我報名參加一個週末飛行訓練課程，通過口試，但是沒通過聯邦航空總署（FAA）的術科測驗。我再次練習自己不好的地方，終於通過術科測試。我成了私人飛行員。

在西雅圖取得飛行員執照的有趣之處在於，天氣晴朗的時候，視你從波音機場的哪裡起飛，十分鐘內就可以看到北方的聖胡安島、溫哥華島和加拿大洛磯山脈；南方可以看到雷尼爾山、聖海倫山和胡德山；東方可以看到喀斯喀特山脈；西方可以看到奧林匹斯山。下方則是人間仙境，也就是普吉特峽灣。

然而，也是有比較不好玩的地方。這裡的天氣通常多雲多雨。如果你想常常飛，你得通過儀器飛行等級檢定（IFR），所以，我在五十六歲時決定取得檢定，這樣我就能在雲層中飛行。

有句話說「老狗學不會新把戲」，也許是真的。但如果你經歷的老師夠多，例如：妮可、娜塔莉、馬克和大衛，而且這隻老狗又很堅持不放棄，當年那個農場的孩子也能實現夢想。

輸入你的動力設定，追求財富與幸福的人生。

就像是我報名參加週末的儀器飛行等級檢定飛行課程，通過口試，但是沒通過聯邦航空總署的術科測驗。但我繼續練習自己不足的地方，然後通過術科測試。

現在我是私人飛行員，並且有通過儀器飛行等級檢定。當我在波音機場降落時，手心還是會出汗。

現在我有藉口了，我下降穿過雲層，而且我要降落在大跑道上。

從在農場製作木板飛機，到打造財富與幸福人生的理財規畫，這是一段很長的旅程。

但你必須有個開始。

你可以用先鋒、富達、嘉信，或任何線上理財規畫軟體的退休計算機，也可以用 Excel 試算表，用黃色的筆記本或是信封的背面。反正，就是要開始，輸入你的動力設定，沿路做小幅度的調整。每年都要做一次。

我從來沒有完美降落過，你也永遠不會打造出完美的理財規畫，因為這種東西根本不存在。但是你打造的計畫會反映你想要的生活，這就是我接下來想討論的。

第 7 章

我們與生俱來的創造力

我們在宇宙的銀河系中不停打轉。我們不確定如何到達現在的位置以及要往哪裡去，但我很確定，每個人身上都有一股生命的能量流動著。我們愈常運用宇宙的能量，並培養重要的創造力，就愈能過著財富與幸福的人生。

這趟旅程最令人興奮的是，當我們成為最好的自己，就是在推動全世界與不斷擴大的宇宙同步。我們將在下一章進一步討論如何合作以促進發展。現在我們先來探討，在追求幸福人生時，我們自身重要的創造力。

讓宇宙能量引導你的創造力

每個人對富裕的人生都有自己的定義。你會知道你正過著這樣的生活，而且當你看別人也擁有同樣富裕的體驗時，你就能確定這就是富裕的人生。

我們每個人的內心深處都有創造的慾望——想像新的事物，然後把想法實現。當我實現重要的創造力時，財富與幸福的人生就成真了。這些年來與咖啡館投資人的往來，確認了我對富裕人生的定義。

我在一九八三年搬到西雅圖後，母親建議我參與當地社區的活動，我就是這樣認識巴布。他是我教的女子排球隊學生的父親。當時，巴布是西雅圖安寧療養院的院長，他邀請我加入董事會，然後他在一間持續照護退休中心擔任執行長，推動全世界一起重新想像優雅與尊嚴老去的意義。

在與宇宙同步、調整能量時，放慢自己生活的腳步，傾聽內心的聲音，並讓這個聲音引導自己，巴布因此過著更充實的人生，而且改變了這個世界。如果你問他，如何調整能量與宇宙同步，他會說很簡單，就只是活在當下——面對當天在他面前發生的事。

別花太多時間擔心過去。別花太多時間擔心未來。活在當下。巴布和太太茱莉就是這樣過生活的。他們也是這樣管理財務的。我記得巴布最喜歡馬克·吐溫（Mark Twain）的一句話：

我一生中擔心過很多事，大部分的事從來沒發生。

換句話說，活在當下有助於生活、培養當下專注力，並且避免對未來不必要的憂心。

在他退休前十年，巴布想要確認自己的理財規畫在正軌上。他有一整頁的理財規畫，列出他預期退休後的支出與收入。巴布聽到華爾街的華麗術語時，並不會感到佩服，例如：標準差、夏普比率、蒙地卡羅模擬之類的東西。他只想要確定一件事：「我每一年可以從投資組合中提領多少錢出來，才能維持餘生的生活？」請記得：

- 儲蓄。
- 投資。
- 規畫。

早在我打造「咖啡館投資人」之前，巴布和茱莉就已經很直覺的接受了這套咖啡館投資人的基本原則。巴布並不想隨時掌握股市每日的波動。他想過自己的生活，他知道自己管理投資的方式，以及更重要的是管理人生的方式，這使他沒有錯過人生重要的事。巴布和茱莉都創造和諧的金錢觀。家庭的金錢問題和未來未知的一切，並沒有使他們感到焦慮，他們利用財務資源支持自己以及全世界更重要的目標。

這就是兼具財富與幸福人生。

創造和諧金錢觀會遇見的掙扎

活在當下，並創造和諧的金錢觀，過程中可能會有一些紛紛擾擾。我看過別人陷入這樣的掙扎，我自己也發生過。

當我決定離開券商的工作時，我必須想辦法每個月減少九〇%的開銷。我必須一個月只花七百美元，才能撐過兩年沒有工作的生活，然後就得返回職場。

第一個月，我活得很痛苦——如果我沒有認識艾蕾西絲，我可能會一直很痛苦。艾蕾西絲是靈魂諮商師，她請我慢下腳步，活在當下、發現自己重要的創造力。

我從我的發現中創造出「咖啡館投資人」，並且開始寫報紙專欄，引導我從事現在的理財規畫事業。

回顧那段讓我的財務資源結合創造力的重要過程，我不想把它形容成是無憂無慮的自我探索之旅。在我試著找出人生下一步之前，一個月只能花七百美元，那是段充滿掙扎的日子。

每一位真心接納財富與幸福人生的咖啡館投資人，都曾在尋找和諧的金錢觀時陷入掙扎。不論你有多少錢，最近才剛大學畢業，或是接近退休的年紀，每個人都一樣。

每個人都會遇到。

琳達的故事說明了和金錢觀不和諧的處境。琳達之前聯絡我，想要討論她的退休計畫。六十八歲時她剛經歷喪夫之痛。她想放下過去，開啟人生另一個篇章，但是卻對下一步感到非常不安而無法動彈。

接下來的幾個月當我們在討論時，她老是說她很難談錢的事，因為她以前都交給先生處理財務。她最大的恐懼就是退休後沒有足夠的錢可花，最後造成子女的財務負擔。這樣的恐懼來自於生長在貧窮的單親家庭。她害怕投資股市造成虧損，導致晚年不夠花用，令她不敢大膽的踏出退休的步伐。

琳達想知道的事和巴布一樣：「我每年該從投資組合中提領多少錢，才不會把錢花完？」

然後，琳達繼續分享她從事醫療行政工作時所得到的滿足感。她承認，她對於結束工作並面對她所說的「空洞的退休生活」感到焦慮。

琳達的挑戰也是許多剛退休者的挑戰：傾聽宇宙能量的聲音，讓它引導你連繫全世界，並持續與世人分享你的智慧。要讓琳達活在當下的要素，就是創造和諧的金錢觀，讓她能抱持著富足的精神來享受退休生活。

這讓我想到，有太多人像她一樣一輩子省吃儉用，但到了退休的時候還是懷有匱乏心態。我得更認真運用我重要的創造力，才能讓「咖啡館投資人」的觀念接觸到更多像琳達一樣的人，他們都想過著應得的富足生活。

當我開始打造「咖啡館投資人」時，**我的主要任務是介紹指數型基金這個簡單的概念。這是「咖啡館投資人」的第一回合。**

二十年後，「咖啡館投資人」告訴我，指數型基金只是財富與幸福人生的一小部分而已。最重要的是活在當下，打造和諧的金錢觀（也就是量入為出），真心接納富足的人生，以及為世界帶來改變。

「咖啡館投資人」的第二回合是把最重要的事，也就是生活的基本原則，分享給別人，並對他們的生活造成巨大的改變，讓人們儲蓄、投資和過生活。

然後，影響這個世界。

為了實現這個目標，我必須繼續探索我內心深處重要的創造力。

再堅持二十五步

二十五年前，在一個叫做拉康納的小鎮，我有幸能放慢生活的步調，活在當下，挖土整地，打造「咖啡館投資人」專欄。

我現在最大的挑戰是在繁忙的西雅圖市放慢步調，活在當下，挖土整地和打造「咖啡館投資人」的第二回合。

第二回合的開始是慶祝我的日常儀式。這不只是在慶祝我一整天做的一些小事。

我愈重視這些儀式，就愈活在當下，並且與宇宙的能量同步。

伊莉莎白・庫伯勒—羅斯（Elisabeth Kübler-Ross）是真心接納安寧醫療體驗的先驅。她說：

學著接觸內心的寂靜，並且知道人生中的每一件事都有其目的。這世上沒有錯誤、沒有巧合，所有事情的發生都是為了讓我們從中學到教訓。

如果你想要開始為人生創造儀式，可以先找出生活中乏味的例行公事，然後把它變成一種儀式。早上醒來睜開眼睛，這可以是第一個儀式；鋪床，這可以變成什麼樣的儀式？你接下來會做什麼事呢？你一整天的行動都是創造儀式的機會，讓你可以一再慶祝這些儀式。這樣你就會開始活在當下。

放慢生活的腳步，找出你的儀式，這是很好的第一步，讓你與宇宙的能量同步，並發現自己重要的創造力。

早上起床後，即使外面天色很暗或是在下雨，我的晨間儀式就是走到窗邊，然後說：「早安，太陽先生，很高興我活著！」這個儀式特別的有意思，因為它延續了我還住在農場時就開始的儀式。當太陽升起，照亮我家的廚房餐桌時，我父親就會說：

「早安，太陽先生，很高興我活著！」

我之前的人生一團混亂，部分原因就是那些年來我試著親近父親而感受到的空虛。這個儀式給我機會，緬懷父親的人生。人生本來就會有變化，我父親對現在的我有著重大的影響。這個儀式是個機會，讓我慶祝他與我分享的所有好事。

我持續在一天之中我最喜歡的十分鐘進行這個晨間儀式。我閉上眼睛，並登上雷尼爾山上的穆爾雪原（Muir snowfield）——從海拔五千五百英尺的仙境停車場，到位於五千英尺的穆爾營地的小屋，這段路是世界上最美的登山小徑，尤其是攀登的第一段路程，這段路通常要花我五個小時，而且我揹著四十磅重的背包。第一、二個小時，我的思緒會不停奔馳、醞釀、苦惱、擔憂和納悶；到了第三個小時，當現實開始沉澱，我的想法就會開始慢下來。我感到疲累，但我還有兩個小時的山路要走。

在登山時我很快就發現，在已經疲憊不堪的時候，唯一能讓我繼續撐下去的，就是再走二十五步。如果我的思想不停奔馳、醞釀、苦惱、擔憂和納悶，我就永遠不可能再走二十五步。我逼著自己什麼都不去想，只去想那二十五步。

我之所以維持二十五步，是因為我就只能接受二十五步。在兩個小時和二十五步之間，我開始感受到活在當下的福氣。

這就是我晨間冥想所設定的心智目標，能幫助我度過一整天。

我很樂意有一段很長的時間完全不說話。小時候我在農場工作，很常做白日夢。我坐在沒有駕駛室的老舊曳引機上，沒有收音機，戴著防塵土的護目鏡和口罩，我可以一整天做白日夢。

現在我有了家庭和工作，還有包包裡的各種電子產品，做白日夢就沒那麼容易了。我必須好好把握每日的儀式。

第二回合開始了。我準備好了，而且我受到約翰．柏格的啟發，要繼續努力下去。

我常常想，他的生活是否也有些儀式，因為他真的是活在當下。當我最初的手稿完成時，我的編輯蘇珊建議我寄一份手稿給他，感謝他給我的啟發。幾週後，我收到一封他寄來的手寫短箋，內容寫著：

這是本很棒的書。是的，我很想說，這看起來就像是我自己寫的。希望人們不只是讀這本書，而且真的去實踐裡頭的觀念。

柏格先生是金融服務業的巨人，儘管他的生活忙碌，還是抽空回信給我。我回覆他，詢問能否將他的評語放在新書的書衣當成推薦文。他回答：

我很高興能以這樣的方式參與你的成功，而且這是你應得的。請繼續努力。

書出版後，封面上印著柏格先生的推薦文。我寄了一本給他，他回信談論我們帶著「傳教般的熱忱」推廣先鋒集團的使命。

柏格先生幾年後在接受《時代》（*Time*）雜誌專訪時，強調《咖啡館投資人》是他推薦給新手投資人的第一本書。我寄給他一張感謝卡，他又回覆一張手寫信箋，感謝我擔任「指數任務的門徒」。

我相信他一定收到來自世界各地投資人的信，如果他全都一一回覆，我也不會意外。

這就是活在當下。

達成一生財富的三訣竅

我們都收到邀請，帶著和約翰．柏格一樣活在當下的熱忱。

我希望有什麼神奇的方法能讓你也這麼做，但是我沒有。我只能分享對我來說有用的方法，以及我所觀察別人在用的方法。

我四處查看後發現，世界各地都有重要的創造力正在爆發性的開展，尤其是年輕的咖啡館投資人。

不久前，我和一些朋友一起吃晚餐，包括他們的兩個孩子；他們也邀請幾位大學生年紀的朋友一起共進晚餐。

那天晚上我著迷的聽著這些年輕人對事業的抱負。後來在餐桌上，兩位男士轉向我並問我選擇權的事——他們想要交易Netflix的股票。我們談得很開心，但是他們的問題必須從「咖啡館投資人」的角度來解決。年輕的投資人該如何開始建立財富，同時展開事業？因為現在有線上交易帳號而且免手續費，太多年輕的投資人以為他們交易股票、選擇權、商品期貨、比特幣等任何其他吸引他們注意力的東西，就可以建立起財富。

在我看來，悲哀的不是這些躍躍欲試的年輕人可能會在炒作證券時賠得很慘。悲哀的是，他們大可將重要的創造力用來打造一生的財富。

如果你想要很年輕就打造財富，以下是三個小訣竅。這三個訣竅對我很有用，對「咖啡館投資人」來說也很有用，對你也會有幫助：

1. **存更多錢**。這一點也不意外。這是《下個富翁就是你》書中的智慧，這是我銷售市政債券時客戶的智慧，這也是「咖啡館投資人」的智慧。過去二十年來，我看過持續儲蓄這個策略，對當年二十歲、現在四十歲，以及當年四十歲、現在六十歲的人，造成的影響有多大。

2. 提升你的事業，並且至少存下一部分增加的收入。提升事業的真正好處並不在於額外的儲蓄，而是在你的生活中，將重要的創造力提升至下一個階段。現在有各種線上學習的機會，而且可以取得更高的學位，你沒有藉口。

3. 創業。這不是個輕率的建議。創業的第一步是開始思考你想從事什麼生意，思考讓你不再去想選擇權就能致富的生意，並引導你去想什麼東西才能讓你建立財富。

你可能要花兩年，才能想到要做什麼生意，再花兩年的時間找齊資源，然後再花兩年讓公司開始運作。而且從統計數據來看，創業很可能會失敗。但那又怎樣？再創業一次。根據統計數據，第二次創業成功的機率比較高，因為你已經從第一次創業的失敗中學到教訓。

創業並不表示你必須辭去現在的工作。而是你需要運用重要的創造力，來讓你的事業成功。而且這是很有可能發生的。你可以看看自己的周遭。和你住家附近的老闆談一談，找出對他們來說有用的方法。看看這世界需要什麼，看看你有什麼資源可以用來創業以滿足這些需要。關掉電子產品，開始做白日夢吧。

做能改變世界的白日夢

二十五年前我在創造「咖啡館投資人」時，當時網路方興未艾。我正在研究網路產業，我的內心有股小小的聲音，充滿熱情的召喚宇宙的能量，然後告訴自己，我要為我的工作建立一個網站。

我買了微軟的 Frontpage 網頁建造軟體，還報名參加架設網頁的課程，然後打造了自己的網站。

幾年後，我開始在網站上每週更新「咖啡館投資人」專欄，當時部落格正在網路世界中興起，這可能是最早的理財部落格。

打造網頁課程的協調人安德莉雅建議我，不如開設「咖啡館投資人」課程，所以我就開課了。安德莉雅相信，她能把重要的創造力用於滿足這個世界的需求。當我的課程愈來愈受到歡迎，我建議她自己開公司，專注於企業界的終生學習服務。受到啟發的安德莉雅開始自己的演說課程，為北美的《財星》五百大企業、非營利組織和貿易協會提供服務。

現在，她自己也是位演講者，不斷拓展自己的專長。她演講的主題是如何以及為何要寫她所說的「雅言」（Gracenotes®），也就是為生者寫讚頌詞。畢竟每個人都想在生命結束前知道自己對這個世界很重要，我們對世界造成了一些改變。

這就是「咖啡館投資人」的第二回合。

因此我決定加大力道。宇宙的能量在推著我向前，我想要分享出書後這二十年來所學到的事。還有很多想要追求財富和幸福人生、以及想要改變這個世界的投資人，我想要把「咖啡館」的基本原則放在他們的手上和心上。

我需要更多的幫助，所以我決定雇用一名商業教練。我在線上搜尋「西雅圖的頂尖商務教練」，然後找到了莉莎。

她的網站說明了我所需要的一切：

以價值為導向，夢想著改變世界的創業者最佳的商務教練——輪到你站出來，並且改變世界了。

莉莎給世界的禮物深植於她重要的創造力。她的網站並不是一夕之間出現的，她和我大約同一時間開始創業。她以前在企業界工作，然後才轉到非營利組織，但她發現這些組織的價值觀並非總是和她相同。宇宙的能量在和她說話。當時她並不知道，但她上一份工作敦促她走向新的事業，成為商務領導者的教練。一切是在九一一事件的兩週前開始的。

她利用這段時間整地。她回到學校念書。她的熱情是幫助其他人找到自己的目標，以及在有相同價值觀的組織工作。她開始創業。她的第一個客戶就是以前的同事。

現在她的事業非常成功，因為她運用自己重要的創造力，幫助客戶找到自己的創造力。她會成功，是因為她很擅長聆聽，這是一個已經被大家遺忘很久的商務技巧。而且她和客戶對話、討論，並幫助他們了解自己是誰以及一生中想要做什麼事。她在幫助客戶前進。

你的人生想要的是什麼？你做白日夢時會想著什麼樣的事業？你現在會和誰分享這個事業？你的下一步是什麼？

我可以分享很多咖啡館投資人的故事，他們運用自己重要的創造力來打造資產的財富，以及情緒、身體和精神上的財富。但最後我最想分享的故事是一位最棒的投資人的故事，那個人就是我的母親。

就像我們所有人，她骨子裡深埋著創造力、實現構想的慾望。雖然她過著退休生活，但她仍在靜靜俯看蛇河谷的鄉下農場房子裡，推動著世界前進。

我看著母親的人生，反映著所有咖啡館投資人的人生，他們都花時間教導他們的孩子、孫子，一路推著他們向前邁進，以及找出對他們來說重要的創造力，把世界變得更好。

每當我回去探望母親，我們每天早上都會慶祝日出，晚上則會慶祝日落。天黑時，我們會出去欣賞夜空的星星。在萬里無雲、月亮也不露臉的夜晚，在一片漆黑中，我們會仰望著銀河，讚嘆造物主的神奇。

有時候，母親會和我談到她在加州聖塔蒙尼卡市的童年，或是她高中時在華盛頓州斯波坎市，或是參與宗教活動時的使命。她在印第安納州南灣的聖十字擔任第三年見習生時，宇宙能量推動她成為母親，而不是修女。她告訴我，她曾告訴一位朋友她的白日夢，這位朋友於是幫助她搭上前往華盛頓斯波坎的火車。雖然她說，這是她這一生「傾聽神的聲音」的時刻，但我都稱之為「與宇宙的能量同步」——你想怎麼形容都可以。我們都可以仰望銀河，讚嘆造物主的神奇。

回到西北部不到三週，她就認識了我父親，然後結婚，一起生了八個孩子。

我父母的關係很複雜，但在這段過程中，她都和神維持著密切關係。那個在加州比佛利山成長的小女孩，現在是八個孩子的母親，住在俯看蛇河的農場。這段過程並非總是有趣，但她很懂得活在當下。

這些年來，雖然小鎮並非總是歡迎一個來自比佛利山的外人，但她會慶祝小鎮裡每個人的生命。她會陪伴著結婚的人，也會陪伴著離婚的人；她握著鄰居臨盆前的手，她握著鄰居臨終前的手。她的公公殺了自己的妻子、兒子，然後自殺，她甚至在他臨死前也握著他的手。

在養大自己的孩子後，她還在這個小鎮開設托兒所，在安妮奶奶的安親班照顧其他家庭的孩子。她重要的創造力就是她的關愛和善良。她運用宇宙的能量，透過一些小事，用自己的生命來幫助其他人的生命。她會寄送卡片或是打電話給別人，照亮所有人的一天。

我分享她的故事，是因為她的故事應該是每一個人的故事。財富和幸福來自於我們彼此之間的連結，來自於重要的創造力並且透過分享和傾聽，也來自於知道你具有和諧的金錢觀，並且傳遞給下一代，幫助他們過著富裕的生活，正如你現在過著富裕的生活。

現在是我們運用重要的創造力，推動世界前進的時候了。

第 8 章

財富與幸福的人生

當我們找到問題，答案已經不遠了。

——雷夫．華度．愛默生

我和咖啡館投資人的談話通常不限於理財事務，因為我們也會探討地球上的其他問題。這麼做，是在推動整個世界向前進。

所以，你和自己、和伴侶、和家人的理財對話很重要。當你沒有和諧的金錢觀時，金錢就會造成焦慮感。不論你賺多少錢或是花多少錢都一樣。如果金錢創造焦慮感，就會消耗你的能量。

我們需要重要的創造力。我們需要你想要接觸人群的慾望，並不是因為你想要拯救世界，而是因為接觸人群並造成一些改變，能帶給你喜悅、希望和幸福。

對我來說，這就是宇宙能量的意義。

找到身旁的宇宙能量

我們正在旅程的交叉路口，而且因為 COVID-19 疫情而使旅程加速。當我們超越當下的黑暗、超越人性的地平線，宇宙就在不斷的擴展。過去一年來，我們看到大家緊密的相連著，而且我們所做的決定不只影響身邊的人，也會影響到遙遠地方的人們。讓我們花一點時間，透過我們與人的關聯和對話，找到新的方法來照亮自己的人生和世界。

過去一年來，你可能重新認識一些基本、放諸四海皆準的法則，例如：健康的飲食、運動和活在當下。我猜你也審視過自己的金錢觀是否和諧，仔細查看自己如何存錢和花錢。與人討論財務議題可以讓你進一步討論生命中更重要的事，就像早上喝第一杯咖啡時開始的對話，然後一直談到入夜。

我這一生中，宇宙的能量一直在和我對話，只不過有時候我會關掉那個聲音。現在我發現，我和你們的對話以及我和宇宙能量的對話內容，其實是一樣的。

第一章的開頭是我收到金恩的電子郵件，他向我分享他與家人和朋友的對話，他向他們介紹咖啡館投資人實現財務自由的步驟。金恩透過一次說服一個投資人的方式來改變這個世界。這一切源於我母親鼓勵我接觸在地社區，如果我從沒和母親談過，那麼金恩就不可能和他的家人朋友開始對話。

在她的鼓勵下，我自願擔任少年排球隊的教練，並認識一位名叫巴布的父親。十年後，在我和他的一次談話，他邀請我擔任西雅圖安寧療養院的志工。安寧療養院的經歷推動我離開美邦證券，追求更富足的人生；這次的追尋也讓我在騎自行車前往奧勒崗波特蘭市時認識了艾蕾西絲。是艾蕾西絲叫我去挖土整地，找到自己的目標。

在我看來，因為我和母親、巴布和艾蕾西絲的對話，讓金恩的家人和朋友開始推動這個世界向前；他們創造和諧的金錢觀，讓他們與世界分享重要的創造力。

幾年前，我哥哥聯絡我時，說：「嘿，比爾，你得讀漢斯・羅斯林（Hans Rosling）寫的《真確》（*Factfulness*）這本書。」所以我就買了一本。書裡的內容證明我一直以來的感覺：世界正在變得更好，而不是更糟。世界雖然很亂，但是正在變得更好。你可能會反駁這本書的假設，但是沒關係。對話就是這樣開始的。有時候，進步是很難看得出來的，因為逐步的改變持續發展，幾乎不會被新聞報導出來。

這個世界很亂。

但世界正在變得更好。

閱讀《真確》這本書，觸動我的內心深處，因為書的內容就是咖啡館投資人的基本原則不可或缺的部分。這個世界一直不斷在前進，我們需要靠全球股市長期的報酬，來反映我們共同的生產力。我們看待世界的方式扮演重要的角色，不只是透過我們投資的方式，還有透過我們的子子孫孫看待世界和生活的方式。

如果我們沒有希望，就會感到絕望。如果我們只看到消極的事，就會習慣活在消極中。如果我們樂觀看待事物，好的能量就會傳遞並且激勵其他人分享他們重要的創造力。如果我們有和諧的金錢觀，就會成為典範讓別人跟隨我們。

《真確》的作者漢斯．羅斯林介紹一個簡單的主題——世界的人口可以分為四種收入層級：

第一級是沒有乾淨的飲用水，而且必須辛苦工作一整天，晚上才有飯吃。

第四級是收入可以提供生活大部分所需的人。因為你在讀這本書，所以你很有可能是這一級的人。

第二和第三級，在書中被形容是第一級到四級中間的層級。

根據羅斯林的說法，每一級的人口數如下：

第一級：十億人。

第二級：三十億人。

第三級：二十億人。

第四級：十億人。

羅斯林形容人類從第一級移至第二級，然後到第三級，最後是第四級。這就是偉大的宇宙能量在我們體內流動，激勵我們每天去工作——不只是為了生存，而是為了向前邁進以追求更好的人生。透過這個過程，我們和他人分享好的想法——我們重要的創造力。我們會改善自己的生活、家人的生活，以及全世界的生活。

一個家庭想要得到乾淨的水，但他們不會只想要這個。他們想得到附近的乾淨水源，然後他們就會想要在家裡就能得到乾淨的水，然後是洗澡時有熱水……我們永遠不會停止追求更好的人生。

和全世界對話時，會一直出現一個問題，這個問題會一直挑戰著我們重要的創造力，那就是：「資源是有限的，全世界要如何持續往下一個層級前進而不會打亂平衡？」另一個挑戰我們重要創造力的問題是：「當你達到第四級，而且你已經擁有你需要的一切，你該如何運用你的基因中永遠想要更多的慾望？」我認為挑戰在於，將追求「更多」物質消費的慾望，導向追求幫助更多家庭、更多社會，建立更多連結，創作更多藝術，發揮更多創造力，以及追求更多美麗的事物，讓更多人想要為羅斯林所傳達的訊息而努力。

羅斯林指出，進步是來自於分享好的概念，而且經濟與政治體系能讓好的概念在資本市場中實現。

這是個很容易令人激動的話題。我們該如何運用資本主義並維持其優點，以持續培養一個更好的世界？我們重要的創造力應該首先要用來解決這個問題，而且投資界透過引進以永續發展為重點的指數型基金，正在設法解決這個問題。

一九九三年，我騎自行車到波特蘭，在中途點休息過夜，那時我認識了在耶穌會休息站的艾蕾西絲。就是她建議我去挖土整地，以釐清自己的人生要做什麼。她當時也推薦我讀馬修・福克斯（Matthew Fox）的書《原福》（*Original Blessing*），福克斯是心靈導師，原本是天主教徒、現在是美國聖公會的牧師。他從自己重要的創造力中得到靈感，推廣用全新的角度來看待這個世界。

我是在傳統的德裔天主教社區中長大，原罪（original sin）的概念是天主教神學的核心。我從小所受的教育就是人人生而有罪，但是因為神的恩典，人類可以變好。我從來就不覺得人人生而有罪的觀念是對的，我想知道這幾個世紀以來，「原罪」概念在全世界接觸這麼多人後，造成的結果如何。

在《原福》一書中，福克斯介紹的宗教理論可能與宇宙能量比較一致。我們生來就是有福的，而且是價值不菲的；而且從這個價值不菲的人生中所產生的創造性能量在推動著人類向前進。

我還要介紹他的另一本書。一九九五年時，福克斯寫了《重新發明工作：我們這個時代生計的新觀點》（*The Reinvention of Work: A New Vision of Livelihood for Our Time*）。福克斯建議我們要在工作中運用重要的創造力，這個世界才能繼續繁盛發展下去。

他寫道：

> 創造工作的不是金錢，而是需要。只要我們能正確回答問題，對的工作就會創造更多工作。現在宇宙要我們做什麼工作？現在地球要我們做什麼工作？現在其他物種要我們做什麼工作？現在年輕人要我們做什麼工作？未來的人類要我們做什麼工作？我們的內心要我們做什麼工作？我們需要的不是現在的任何一種工作。我們需要的是在對的時候做對的工作。

你的內心要你做的是什麼？創造一個空間來慶祝你重要的創造力，這不只是週末時才涉獵藝術的人該做的事。福克斯認為，你的創造力必須具備像是每天去上班這樣的動力，你的事業才能蓬勃發展。

在探討重要的創造力時，聽起來好像我們生來就是要做什麼偉大的事，例如，發現疫苗或是當一間公司的老闆。其實絕對不只是這樣。是全心投入你正在做的事，而且盡全力去做。這表示即使是無法給你喜悅，只能讓你支付生活開銷的無聊工作，也要奮力撐下去。你現在可以做什麼事，讓你對其他人有無限的價值？也許是你對周遭的人善良、體貼、細心、呵護。

我很喜歡很久以前由演員鮑柏・霍普（Bob Hope）演出的可口可樂電視廣告。他在螢幕上說：「一個小小的微笑不會改變世界，但卻是個很好的開始。」

我喜歡和用微笑改變世界的人往來。我記得以前每天搭乘西雅圖的公車前往市區，市公車處每年都會選出一位「年度最佳駕駛」。有一年的年度最佳駕駛是一位年近六旬的女士，她駕駛的就是我搭乘的路線。我每天坐上她駕駛的公車，她迎接我的時候，彷彿我是她最重要的乘客。她對每一位乘客都是這樣。不久後，整輛公車上的人都因為她早晨的微笑而充滿活力。

有一天我問她，是什麼事讓她可以這麼做。她說她遇到很有趣的人，乘客改變她的人生。她是改變我與人的相處方式的人之一。她推動這個世界向前。她運用重要的創造力。

找到自己的創造力

找到自己的創造力，可能是個很漫長而且艱困的旅程。

黛比是我的「咖啡館投資人」專欄的讀者。十三年前，她聯絡我，想要確認她在公司的退休帳戶中所做的投資選擇是否正確。我們一起寫出她的理財規畫方案，讓她能在十七年後退休。

隔年，我們再次聯絡以檢視她的理財規畫，她告訴我，她很無奈，因為她工作的產業有周期性，她每三年就要找一次工作。我問她，夢想中比較好的工作是什麼，她卻說不出來。我們隔年又見面，再次檢視她的方案，她又再次告訴我她的無奈。我又再問一次她夢想的好工作是什麼，她還是說不出來。

再過一年我們見面，檢視她的理財方案時，黛比說她家附近的狗狗美容院快要關門了。她現在只想要自己開一間狗狗美容院，因為她非常喜愛小狗，也很愛與人相處。我們討論她該留在一個沒有前途的工作崗位，還是乾脆辭職、貸款頂下狗狗美容院，如果銀行不願意貸款給她，她是否要提領退休金帳戶裡的錢來補足不夠的金額。我們討論買下美容院的風險，也討論她繼續工作的風險，她說：「我現在無聊到快瘋了。」後來她打電話告訴我，她採取保守策略實在太久了，她決定買下那間狗狗美容院。

我一直都在注意黛比的生意，二〇二〇年我又聯絡上她，問她在經濟衰退的時候生意如何。我們回憶十三年前的對話。我問她，在事業成功的過程中學到什麼？她說的和巴布告訴我的一樣：「我學會活在當下。我全心照顧每一位走進店門的顧客，建立起忠誠的顧客群。」

對黛比來說，她的事業成功，是因為她決定把重要的創造力運用在她的夢想上；現在，她在推動這個世界前進。

我不是建議你把退休金帳戶裡的錢都領出來，然後買下你看到的第一個可以開店的機會。但是以過去一年來的經濟景氣來看，我想全美應該有成千上萬間店舖倒閉，正在等待下一個黛比去接手，與世界分享他們重要的創造力。

我們眼看 COVID-19 造成的其他影響，宇宙能量在呼喚我們培養我們的創造力。我們可以創造更好的教育制度。我們可以為年長者創造更好的制度、更好的醫療體系、更健康的工作環境、更健康的飲食體驗、更好的休閒娛樂體驗。

我們可以創造更好的工作來培養其他人的創造力，找到更好的辦法運用我們的能量。

我們可以開設更好的狗狗美容院，我們可以打造更簡單的理財規畫方法，用笑容改變世界。

以上這些只是咖啡館投資人想到的幾個方法，他們的目光已經超越 COVID-19，並且推動人類往對的方向前進。

不知道該做什麼嗎？那就去挖土整地吧。走一段長長的路，我說的不是在你住的地方附近晃一晃，我說的是一個人走四個小時——而且不要帶手機；因為不帶手機，你才有機會活在當下並且與宇宙的能量同步，你重要的創造力就儲存在宇宙的能量中。

最好能登山去穆爾營區。

我最近打電話給第一章提到的朋友東尼，問他在COVID-19的肆虐下，他的生活過得如何。當時學年已經過了一半，雖然他在思考該回答什麼，但我聽得出來他臉上掛著大大的笑容。他最後說：「事情很有趣也很複雜。」

他是學校校長，我猜這個學年的前四個月，東尼有時候只想說「人生真是一團亂」。但他卻帶著微笑說：「事情很有趣也很複雜。」他正在重新調整「教育」這件事。他說有一半的學生很認真上課，另一半不認真；有一半的父母很投入，另一半沒有。他說，每個人都讓他有所啟發。

早在COVID-19之前，東尼就已經開始為期四年的博士課程，研究領域主要是遠距學習平台。

結果，人生轉了一個彎。人生向來就是如此，COVID-19使得教育者、家長和學生把遠距學習平台推向新的境界。有何不可？宇宙的能量要我們所有人做一樣的事——把我們重要的創造力推向新的境界，把世界變得更好。

羅倫斯・席格（Laurence Siegel）在著作《更少、更富裕、更環保》（*Fewer, Richer, Greener: Prospects for Humanity in an Age of Abundance*）中寫的東西，和東尼正在努力的目標一樣。根據席格的說法，歷史上使教育平等的第一件事就是古騰堡（Gutenberg）在一四五〇年發明印刷術；第二件事就是十九世紀末，美國以及全世界開始推廣公立教育系統。席格在書中寫道：

> **第三次教育普及化是由網際網路所推動的，而且只是剛開始而已。**

東尼把他的工作推向另一個境界，而他也啟發我把我的工作推向另一個境界。和咖啡館投資人的對話，推動我們所有人邁向追求財富與幸福的另一個境界。

因為我對東尼的了解，二十五年後，他可能會說和第一章的大衛在電子郵件裡說的話一樣：

我快要屆退休年齡了，我是個幸運的人。我有兩個健康的孩子，我現在比以前更愛我太太，一路走來，我做了幾次適量但聰明的投資。不知道有多少個五十五歲的小學校長能像我說這樣的話。

依循三步驟，打造和諧金錢觀

東尼和凱蒂對財富與幸福的定義，和咖啡館投資人的定義一樣，他們運用自己重要的創造力來造成改變。這和你想要孩子和孫子對財富與幸福的定義一樣，因為你知道這個定義，比紐約麥迪遜大道的精品店對財富的定義還要更真實。

對東尼和凱蒂來說，財富和幸福的人生來自於和諧的金錢觀。和諧並不表示你正在朝實現財務目標的軌道前進，和諧的金錢觀是從準備走上正軌的對話開始——準備支付生活開銷帳單，開啟退休帳戶，建立緊急基金，建立理財規畫方案。一路上會遇到許多障礙和挑戰。東尼已經知道，人生既有趣又複雜，他已經發現，和諧的金錢觀會讓人生中遇到的複雜事情變得比較容易處理。

雷夫・華度・愛默生說：

知道這個世界上，即使只有一個人因為你的存在而過得更好，這就是成功。

這就是咖啡館投資人的精神，這就是我們對成功的定義。

你有機會創造和諧的金錢觀。透過與孩子和孫子的對話和溝通，有人會因為你而變得更好。

我們的旅程還沒結束，現在才正要剛開始。我回顧自己的人生，才剛開始要和無限的、重要的創造力同步，並且與你分享。

我的目標是將咖啡館的基本原則，分享給所有接受退休後財務自由是個人責任的人。我知道，我永遠無法真正達到與「所有人」分享的目標，所以只要我能分享，就會儘量分享。有趣的是，我分享的愈多，就會和愈多像你一樣的人開始對話，愈能過著充滿喜悅、希望和幸福的人生。

人生總是一團混亂——一直都是如此，也永遠會是如此。我們可以看著自己的國家，看著世界，然後說這個國家或這個世界真是一團亂、悲慘，而且愈來愈糟。我們可以用失敗的態度來說我們的行動不重要，又何苦努力呢？或者，我們可以說自己在做的這件事非常重要，我們的行動會造成影響，正如過去向我們展示的，我們正在推動這個世界向前。

窮人的母親德蕾莎修女曾說：

我們覺得自己做的事猶如大海中的一滴水，並不重要。但是少了這一滴水，大海就會少了一點。

就算只是大海裡的小水滴，咖啡館投資人會在他們的生活中造成影響，並且相信我們的基本原則對追求財富與幸福人生非常重要。

你應該過著富足的人生。

這世界需要你來造成影響。就從基本原則開始。

附錄

美國退休金制度下的財務自由原則

這本書的緣起是因為我想說自己的故事，結果到最後完稿時，我說的並不只是自己的故事。**這是你的故事，這是關於你，你真心想要接納簡單的投資基本原則，以獲得財富與幸福人生的慾望**。你將這些基本原則融入以目標為導向的人生中。如果不是你，那就不會有這些故事——也不會有「咖啡館投資人」。

只要別去看華爾街丟給我們的一大堆資訊，我們的財務需求就會變得很簡單。「我可以過著有意義的生活，還能支付得起生活開銷嗎？」許多人都曾遇過這樣的問題，就算有工作的時候也一樣。

當我們思考退休生活時，「未來三十年如果不工作，我能負擔得起生活費嗎？」這個問題就有了不同的意義。過去二十年來，我每天都和已退休的咖啡館投資人聯絡，他們都負擔得起而且不需擔心生活的開銷，因為他們已經建立起和諧的金錢觀了。

他們真是太棒了。在美國這樣破碎的退休制度底下，他們還能實現和諧的生活。有一些人成功了，但很多人還沒有。這個制度需要重新開始，有一天，我們會擁有一個適合所有人的制度。這個新的制度讓每個人都有機會，年輕工作時的儲蓄就能負擔得起退休後的生活開銷。有一天，所有就業者都可以選擇投資個人退休金方案，就像多年前傳統的退休金方案，現在則稱為「社會福利制度」；只不過，現在是你在為你自己的退休金儲蓄，而不是你的雇主在幫你存錢（編按：美國的退休金制度中，401(k)計畫是由雇主成立的退休帳戶，雇員可以自行選擇要從薪水中提撥多少百分比進入退休帳戶，接著在雇主提供的投資選擇中進行投資，做為未來的退休金；個人退休帳戶〔IRA〕又與401(k)不同，IRA不需被雇主綁著，是屬於員工自己的退休帳戶。此外，兩者又分成傳統與羅斯兩種，差異在於雇員把薪水存進「傳統帳戶」時，不需要為這些資金繳交當年所得稅，而是在未來提領時課稅。若把薪水存進「羅斯帳戶」，則需在當年為這些資金繳交所得稅，但未來提領時不需課稅）。

在我們開始探索個人退休金方案的好處前，我們先來看看為什麼美國的退休金制度會破碎，之後又該何去何從？

在一九八〇年代401(k)退休金方案開始前，公司的退休金方案主要是私人退休金，也就是事先定義好的福利方案。幸運的勞工如果受雇於提供退休金方案的公司，退休後每個月收到的退休金支票就會受到兩個因素的影響：你在這間公司工作多久，以及退休前最後幾年的薪水高低。

我們就來看看艾蜜莉的傳統退休金方案。隨著艾蜜莉開始工作，她計算到了六十五歲退休時，每個月可收到退休金支票是四千五百美元。除此之外，她收到社會福利辦公室的通知，告訴她當六十六歲退休時，每個月可以領到三千五百美元的社會福利支票。

你猜艾蜜莉還在工作的時候，如何管理她的生活方式嗎？她確保自己退休後每個月的支出不到八千美元。

如果她想要花更多錢，她知道自己在工作時就必須存下更多錢，但至少她知道每個月八千美元的支出已經有著落了。

她知道自己退休後足以支付生活開銷，而且她不必去管華爾街和股市。艾蜜莉永遠不必去聽無聊的蒙地卡羅分析是什麼。她不需在乎「報酬順序」風險。因子基金呢？她也不愛。她不管什麼四十頁的風險分析問卷。她退休後只想要做一件事，那就是過著擁有財富與幸福的人生——還負擔得起她的生活開銷。

當她還能過著這樣的生活時，一切都很好。

美國國會在一九七八年通過《一九七八稅改法案》，並且在《國內歲入法》第四〇一條中加入段落k，讓員工有機會提撥稅前所得，到公司為他們開設的退休金帳戶。稅法的修改本來並不是要取代艾蜜莉傳統的退休金方案。這個法條原本的目的是要讓高階經理人和高薪酬的員工有機會延遲領取紅利和股票選擇權這類薪酬，並納入公司贊助的帳戶中。

在401(k)方案成立後，退休金顧問開始建議大雇主趁這個機會大幅刪減成本，凍結現有員工的傳統退休金方案，鼓勵現有員工和新進員工開始提撥至

４０１(k)退休金方案。從雇主的觀點來說，當艾蜜莉可以提撥自己的錢為退休準備時，雇主就不應該為他們的退休金負責。

這個將提撥退休金的責任從雇主轉移到員工身上的決定，根本沒有經過任何考量。事情就這麼決定了。勞工根本沒有任何發言權。雇主、勞工、金融機構和國會根本沒有合作，就設計出一個取代傳統退休金方案的重大改變。

山姆卻要為此付出代價。山姆是一名新進員工，現在他得負責決定要不要存錢在自己的４０１(k)退休帳戶裡，以及要存多少錢。他決定要提撥到退休金帳戶後，還要決定這筆錢該投資在眾多共同基金中的哪幾個。等到山姆退休時，挑戰才開始，他必須想清楚，每個月要從他的帳戶提領多少錢出來，才不會面臨人還在世，錢就已經花完了的窘境。山姆退休後的頭三年，每天早上都花三個小時坐在電腦前，試著了解四％的提領原則，當他發現終於弄懂了，市場的共識卻改成了三％。

我們就來比較一下艾蜜莉的和諧金錢觀和山姆的壓力。艾蜜莉有一筆傳統的退休金，而山姆的則是４０１(k)帳戶。

艾蜜莉還在工作時就養成生活習慣，因為她知道等她退休時，只要每個月的支出低於八千美元，她就能負擔得起生活的開銷。但是山姆還在工作時，卻不知道需要存多少錢才能支付退休時的生活方式。

山姆是智力一般的普通人，竟然必須在四十年的工作歲月存下足夠的金額，一路走來還要做出聰明的投資決策，退休後還要用聰明的方式提領退休金二十五年，才能支應不工作的日子。這種想法實在是太離譜了。

然後，華爾街登場了。華爾街一直都是問題的一部分，但其實也可以是解決之道。

401(k)退休金帳戶於一九八〇年代初期興起，共同基金公司利用這個新興的現象，提供勞工各種非常昂貴的共同基金，收取高昂的手續費。雇主表面上說為員工提供理財教育，但山姆仍必須靠自己。這麼做曾經是有用的，這個制度本來還運作得很好，至少當股市創造一八%的年化報酬率時是很好。

但是，這些年來情況已經變了，勞工要求的更多。許多401(k)退休金方案現在包含自動加入選項、到期日基金，還有理財規畫軟體，在在幫助像山姆這樣的勞工回答這個問題：「現在我需要存多少錢，才能支付退休時的生活開銷？」

這是每個勞工都想知道的問題，金融機構必須回答：「我現在需要存多少錢，才能支付退休時的生活開銷？」如果像山姆一樣的勞工可以回答這個問題，就會對他現在該存多少錢，以及退休後的生活品質有很深遠的影響。

美國的確有儲蓄方面的問題。有一部分問題在於有些人不願意現在負擔為未來儲蓄的責任。過去二十年來在我和讀者合作的過程中，發現有更多人是想要儲蓄的，是想要為安全的退休生活承擔責任的。問題在於，以美國現在的制度，儲蓄與投資整件事非常模糊不清，使得許多人不知道該從何著手，所以就懶得處理。

我們正在攜手修補這個支離破碎的制度，但是不會在一夕之間就完成。自動加入退休金方案已經是標準設定。在約翰·柏格成立先鋒集團三十五年後，到期日基金已經變成許多401(k)退休帳戶的預設選擇了。利用到期日基金來打造咖啡館投資人式的投資組合是個好的開始，但是這樣還不夠。401(k)可以在退休時轉成收入金流，這樣401(k)帳戶裡累積的資金，就可以變成自行支付的退休金。這是個必須謹慎執行的挑戰，但這只是個開始。

與此同時，你和我要繼續合作，向所有人介紹咖啡館投資人是怎麼做的：

- 儲蓄。
- 投資。
- 規畫。

我們可以幫助彼此戰勝這個破碎的制度，追求財富與幸福的人生。這是個令人生畏的挑戰。但是我們有能力達成目標。

國家圖書館出版品預行編目（CIP）資料

不在意，才能賺最多：買一檔放著不管的ETF，不看盤、不看財報，三步驟實現財務自由／比爾．蘇西斯（Bill Schultheis）作；呂佩憶譯. -- 初版. -- 臺北市：樂金文化出版：方言文化出版事業有限公司發行，2023.08

面；　公分

譯自：The coffeehouse investor's ground rules : save, invest, and plan for a life of wealth and happiness

ISBN 978-626-7321-27-0(平裝)

1. CST：投資　2. CST：投資組合　3. CST：個人理財

563.5　　112012664

不在意，才能賺最多

買一檔放著不管的ETF，不看盤、不看財報，三步驟實現財務自由

作　　者　比爾・蘇西斯（Bill Schultheis）
譯　　者　呂佩憶
責任編輯　楊伊琳
編輯協力　林映華、賴玫秀、施宏儒
總 編 輯　陳雅如
行銷企畫　徐緯程、林羿君
版權專員　劉子瑜
業 務 部　葉兆軒、陳世偉、林姿穎、胡瑜芳
管 理 部　蘇心怡、莊惠淳、陳姿伃

封面設計　張天薪
內頁設計　王信中
法律顧問　証揚國際法律事務所 朱柏璁律師

出版製作　樂金文化
發 行 人　鄭明禮
發　　行　方言文化出版事業有限公司
劃撥帳號　50041064
通訊地址　10046 臺北市中正區武昌街一段 1-2 號 9 樓
電　　話　（02）2370-2798
傳　　真　（02）2370-2766

印　　刷　緯峰印刷股份有限公司
定　　價　新台幣 320 元，港幣定價 106 元
初版一刷　2023 年 8 月 30 日
I S B N　978-626-7321-27-0

"The Coffeehouse Investor's Ground Rules: Save, Invest, and Plan for a Life of Wealth and Happiness"

樂金文化　方言出版集團
BABEL PUBLISHING GROUP

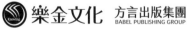

樂金文化

樂金文化